也許你該找人聊聊 2

心理師教你大膽修訂自己的人生故事！

Maybe You Should Talk to Someone

The WORKBOOK

A Toolkit for Editing Your Story and Changing Your Life

蘿蕊·葛利布——著　朱怡康——譯
Lori Gottlieb

目錄

6

走出牢房——從知到行……189

Unpeeling Your Hands from the Bars: Moving from Insights to Action

這一章要幫助你由知入行，並引導你完成目前的人生故事的定稿。接下來會看看你處於「改變」的哪個階段，審視我們為自己搭建的牢房，並討論活得自由和對各種可能性開放的意義。在這次最後修訂中，我們也會回顧一路走來的風景，並一起計畫下一段旅程。

◎改變的階段◎放開牢門◎刺激與回應◎你心中的心理師○最後一張快照○最後的反思

致謝……211

Acknowledgments

夢日記……213

Dream Journal

NOTES……216

譯者說明：在台灣，心理師在教育養成和執業過程中習慣稱照顧對象為「個案」。《也許你該找人聊聊》繁體中文版出版後，常有讀者指正「病人」這個譯法。為此，我們特地去信詢問作者，作者表示美國在詞語使用上較為寬鬆，不僅心理師會混用「個案」、「病人」和「客戶」三詞，營養師和物理治療師也會稱其照顧對象為「病人」。為尊重作者用詞選擇，內文使用「病人」之處將如實呈現。

蘿蕊的話
A Message from Lori

如果你正翻閱這本書，我想你大概讀過《也許你該找人聊聊》（*Maybe You Should Talk to Someone*）。所以，你對我接下來要坦承的事應該不會太驚訝——我本來根本沒想過要出這一本。〔1〕

畢竟，不論是茱莉、麗塔、約翰、夏綠蒂和在下我本人的故事，訴說的其實是同一個道理：在我們願意讓別人見證自己的故事之後，深刻的改變與清明的領悟便會隨之而來。我一直希望《也許你該找人聊聊》能對人有幫助，但從沒想過把它寫成自助書籍。我希望它帶給讀者的是**體會**，而非行動方針，所以我擱下藥物作用和治療方法不談，因為我唯一的目標是點醒讀者，讓他們看見書中反映的眾生人性，從而開啟他們細膩纖巧、卻又沛然莫之能禦的領悟。

但《也許你該找人聊聊》出版之後，我聽見很多讀者說他們想知道更多。他們在書上畫線、折角、做筆記，希望我能寫另一本書帶他們做這些功課，好讓他們的努力事半功倍。看到他們從《也許你該找人聊聊》中得到這麼多體會，是我原本做夢也想不到的事，可是在高興之餘，我還是不知道該怎麼寫才符合他們的期待——這本書不能只是《也許你該找人聊聊》的濃縮版，它必須更能轉化一個人。於是，我把這件事歸到「再想看看」類，繼續過我的日子。

後來，我以《也許你該找人聊聊》為基礎上TED演講。演講想傳達的概念和書是一

《也許你該找人聊聊》共鳴選句

身為心理師，我很懂痛苦，也很懂痛苦和失去如何相連。但我也知道比較少人知道的事：改變和失去息息相關。人不可能既要改變又不失去，這說明為什麼經常有人口口聲聲說要改變，到頭來卻始終原地踏步。

樣的：我們都是說故事的人。如果我們是藉由故事去理解自己的人生，那麼在我們對自己說的故事並不正確時，會有什麼結果？如果我們放在心上的這些錯誤敘事扯我們後腿，讓我們無法向前，該怎麼辦？最後，如果我們改變這些故事——不論是更新資訊、修正內容，還是補上之前遺漏的觀點——能不能改變我們人生的走向？TED那場演講非常受歡迎，很多讀者也繼續寄電郵給我、在社交媒體上給我留言，甚至親自來找我。拜他們之賜，我終於開始認真思考《也許你該找人聊聊》的自助書應該是什麼樣子。

雖然原書和這本《聊聊2》的目標是一樣的，可是在這本書裡，我們會從與自己（而非別人）對話開始。這本書可以提供一些指引，讓你從《也許你該找人聊聊》認識自己之後，進一步將你的心得應用到實際生活——提出更核心的問題、尋找另一種視角、鼓勵自己與不愉快的感覺共處、幫助自己找出盲點與行為之間的關聯。最後，你會完成一份心理成長的紀錄，就像有一位心理師為你從旁見證，不同的是：它可以放在你的床頭。

偉大的故事都需要大膽修訂。你的人生也是如此。這本《聊聊2》會提供工具給你，讓你像編輯一樣思考，開始做出你希望的改變。願你用心投入接下來的練習，在自由中尋見美與意義。願你突破困住你的繭，在韌性、希望與真實編織成的故事裡重生。

準備開始了嗎？我由衷為你高興！

註釋

1 編按：以下稱本書為《聊聊2》。

《也許你該找人聊聊》共鳴選句

情緒掙扎的汙名依舊相當可怕。我們幾乎願意跟任何人談自己的身體情況，甚至談性生活，但把焦慮、憂鬱或哀慟攤開來談還是令人尷尬。我們這麼怕的究竟是什麼？

CHAPTER 1

從前從前，有個不可靠的敘事者自己蹲進牢裡[1]
——勇敢凝視你的故事
An Unreliable Narrator Walks into a Bar: Looking Boldly at Your Story

我們這麼怕的究竟是什麼？
顯然不是盯著陰暗的角落，開燈，然後發現一窩子蟑螂。
螢火蟲也喜歡伸手不見五指的地方，黑暗裡也有美，
但我們得願意注視才看得見。

——《也許你該找人聊聊》

人生如戲，戲中又有戲。有人說人生就像活在果殼裡，幾個小故事組成中故事，幾個中故事又結合成造成當前處境的大故事。可是，這種說法真的正確嗎？很多人以為自己的人生路是被一連串**遭遇**決定的。事實上，《也許你該找人聊聊》裡的人一開始都這樣想。約翰之所以會來找我，是因為他覺得全世界都在跟他作對：家人老是抱怨個沒完，身邊的人全是讓他沒法好好過日子的「白痴」，而且他睡不好——在他看來，「睡不好」是攪亂他現在的故事的元凶。在人生不順遂的時候，我們常常覺得自己是環境惡劣以至於此。但我們之所以會這樣想，其實是因為視野有限，漏掉重要的真相，也簡化複雜的過程（更好也更深刻的問法是：**那些遭遇是怎麼發生的**？我們稍後會進一步談）。

請別誤會，我不是說你的遭遇不重要——遭遇當然重要；人的生活會受處境影響，有些人的處境又尤其具有挑戰性。可是，我們必須牢牢記住兩件事。第一，即使面臨挑戰十足的處境，這種處境有時也是我們自己**創造**的。我想到的是夏綠蒂：她總是喜歡上不太可靠的人（例如她在候診室勾搭的靚仔），經常陷入既渴望又失望的處境，但這種處境有一部分是她自己造成的。夏綠蒂從小不斷上演同樣的戲碼：愛上不值得信賴的人，為這段戀情受苦，卻又弔詭地因為這段關係而有安全感。剛開始的時候，夏綠蒂看不見自己在這齣戲裡的角色——她只看到布景和其他角色。

我們必須記住的第二件事情是：即使無法選擇眼前的處境，我們還是能掌控回應現時

《也許你該找人聊聊》共鳴選句

我們拿到（心理師）執照，人們也開始找我們晤談。……但我們大多會在職涯生活的某個時點走進別人的諮商室。部分是為了傾吐我們這種工作的情緒負擔，但部分也是因為人生總有波折……

遭遇的方式。拿約翰來說，雖然他的人生一定會因為失去兒子而改變，這份傷痛他想躲也躲不掉，可是他不願承認，反而設法築起高牆抵擋喪子之痛，不讓自己露出一絲脆弱。他用挫折感和憤怒掩飾真實的情緒，偶爾還會以反唇相譏轉移焦點。他堅信的故事是「什麼也傷不了我」，在面對不可能釋懷的悲傷時，他用這個方式撐住自己的世界。然而，約翰後來還是發現這種敘事對他沒幫助——不論是鎖住悲傷，還是抗拒快樂和親密關係，都只讓他更加消沉。最後，他終於正視內心的破洞，開始訴說不一樣、但更健康的故事。

在此之前，約翰一直活在需要進一步檢視的敘事裡，以為承認受傷就是懦弱。所以，如果他想改變，就必須從當時還陷在那種敘事裡的自己著手。這本《聊聊2》的步驟也一樣，第一步是幫助你看清你目前認定的敘事。你的故事可能反映出許多面向，例如外在環境、一部分真相、你長久以來的模式等等。為了修訂你的故事，你首先要把它們寫下來。我在《也許你該找人聊聊》裡提過：認識自己的一部分是拋下對自己的認識——不去理會你對自己說的片面之詞，停止告訴自己你認為自己是什麼樣的人。掙脫這些說詞的束縛，你才能活出自己的人生，而不是活出你灌輸給自己的人生故事。因此，即使你認為你了解自己的故事，也知道自己是什麼樣的人，我還是希望你透過這一章的練習擱下判斷，單純書寫。這樣做的目的是培養看清自己的能力，好讓你盡可能精確描繪出自己的樣子。接下來還會有許多不同的練習，在思考每一個問題的過程中，你會開始發現不一樣的面向，也看得越來越清楚。

記錄當下是反思自身故事的重要方法。我總說這是為內心狀態照「快照」，看看自己的故事現在是什麼樣子。

第一張快照

幾年前，一名六十九歲的病人第一次走進我的諮商室。我見到的那名婦人垂頭喪氣、動作遲緩、兩眼無神、形容憔悴，看起來比實際年齡老了十歲。一年後，我面前的那名婦人變得朝氣蓬勃、精神奕奕。大家一定猜到了，這兩則描述說的是同一個人——麗塔，一名極其寂寞、終日懊悔、打算在七十歲生日當天自我了斷的病人。我對麗塔的這兩張快照記憶猶新，它們分別代表不同時期的她。雖然兩張快照都沒有呈現麗塔的全貌，但它們都很有用。因為每一張都讓我們看見故事裡不一樣的東西，每一張都透露出她剛來找我時看不見的可能性。

第一次和病人晤談的時候，我只能隱約窺見他們的一部分。他們來找我時即使不在人生最低谷，也一定不在最高峰。他們當時可能灰心喪志、滿腹疑惑、充滿戒心、或者一團混亂。他們之所以滿臉焦慮，可能是因為第一次找心理師諮商很緊張，也可能是因為乍逢

《也許你該找人聊聊》共鳴選句

心理治療一個很重要的步驟，是協助病人為自己當前的困境負起責任，因為他們一旦了解自己可以（也必須）構築人生，他們就有了促成改變的自由。

巨變，成了驚弓之鳥。他們有時候會盡可能與我保持距離，刻意堆笑以隱藏不安。然而，不論他們的第一張快照是什麼樣子，我都知道那只是他們的一面，而且我見到的可能是最落魄的一面。一開始的觀察可能是模糊的，因為有的人會試圖掩飾傷痛。但沒關係，我們之後會繼續深究這些感覺。最初的印象不能代表完整的故事，就像你的敘事不能用某個時刻的心情一語道盡。所以，這本《聊聊2》安排了很多「自拍」機會，鼓勵你為自己多拍幾張快照。你接下來要拍的第一張快照只是起點，到這本書結束的時候，你會有自己各種角度的快照，它們合在一起才能更真實地反映出你的樣貌。

現在，請靜下心好好看看鏡中的自己。一定要與自己眼神交會。你看到了什麼？換個方式來問：如果你現在走進我的諮商室，我會看到什麼？請盡可能描述細節。也許你會從外在樣貌寫起：肩膀是緊張聳起，還是輕鬆放下？你看起來從容自若，還是煩躁不安？接著，請仔細觀察自己此時此刻的心境——是興奮？尷尬？焦慮？還是憂傷？請試著像鏡子一樣中立，不要評判眼前的自己。要是你有剛剪壞了頭髮又走進電梯被自己嚇一跳的經驗，你一定知道凝視鏡中的自己沒那麼容易。但現在，請把自己當成心理師，以同情和體諒看待自己。在此同時，別忘了提醒自己一件事：我們現在看到的你，只是這段深入了解自己的旅程中，某一刻的你。

我看見的自己：

為什麼想做心理治療？

每個來諮商的人對這個問題都有一段故事，我們稱它為「呈現問題」（presenting

《也許你該找人聊聊》共鳴選句

心理師像是為病人捧著一面鏡子，但仔細想想，病人何嘗不也為心理師捧著一面鏡子？心理治療決不是單向的，它是平行的過程。

problem）。身為心理師，我們會仔細聆聽，但不會以為一開始聽到的故事就是故事全貌。在我們一起修訂故事的過程中，有的主角會變成配角，有的小角色也可能變成當家台柱。病人自己的角色可能也會改變，從跑龍套的變成主人翁，從受害者變成英雄。病人開始諮商時所說的故事，很少和他們結束諮商時所說的故事一樣。

正如每個故事都需要開場，心理治療也都從呈現問題開始。這裡的「問題」指的是讓病人決定接受心理治療的原因，可能是恐慌發作，可能是失業，可能是親友去世、孩子出生、婚姻危機，可能是遲遲無法做出重大決定，也可能是憂鬱症來襲。病人的問題有時不太明確，有人只是隱隱約約覺得「怪怪的」，雖然說不上來，但就是感到不太對勁。

舉例來說，茱莉第一次來找我時，想處理的問題很明確：她剛診斷出癌症，希望心理諮商能協助她度過療程和適應新婚。由於醫生對她的預後有信心，認為她接受手術和化療之後就能好轉，所以她想找個不屬於「癌症團隊」的心理師，支持她在這種不尋常的情境下進入婚姻生活。後來的事大家都知道了：我們從學習與癌症共處開始，卻沒能在這個課題上結束。儘管如此，茱莉最初的心願始終是重要的敘事線——坦誠面對病痛、真切體驗人生等等——我們的晤談從頭到尾都以它們為主軸，即使在她病情急轉直下之後依舊如此。我們剛認識的時候，她需要的是有人陪她勇闖新世界——充滿腫瘤科醫生、粉紅絲帶和過度樂觀的瑜伽教練的新世界——但隨著情況改變，我們也依照她的需要隨時調整。

不論病人一開始是為了什麼問題來做諮商，那個問題之所以會在那個時候浮現，通常都是因為他們已經到了人生轉捩點——我現在該往左還是往右？該努力維持現狀，還是邁向未知的領域？（溫馨提醒：做接下來的這些練習和做心理治療一樣，即使你選擇維持現狀，它們還是可能把你帶往未知的領域。）

不過，現在先別煩惱轉捩點的事。說說你的故事吧，從呈現你的問題開始。

呈現問題

你為什麼想翻開這本書？更重要的是：你為什麼**現在**想翻開這本書？這裡的練習會協助你踏出第一步，釐清你為什麼想在自身故事的這個階段進行探索，還有你希望在做完本書練習時達成什麼目標。

你現在最大的挑戰是什麼？

《也許你該找人聊聊》共鳴選句

我做心理師這份工作要是有學到什麼，那就是大多數人都是心理師口中的「不可靠的敘述者」。這不是說他們故意誤導別人，而是每個故事都有很多面向，人通常會略過不符自己視角的部分。

你之所以會想翻開這本書，是因為面臨什麼處境？

開始做這些練習的時候，你產生了哪些感受？

你會如何描述人生此刻？

做完這本書的練習時，你希望自己有什麼改變？

感受之下的感受

我覺得每個人心裡都有一塊「自知之地」(place of knowing)，那裡的我們知道很多問題的答案，但那些答案常常被朋友、家人、情人和社會的「噪音」淹沒，而我們因為太在意別人對我們的感受會產生什麼感受，所以漸漸離開了這塊「自知之地」。我們對感受的恐懼，似乎比感受本身更令我們恐懼。於是，我們開始忽視或扭曲自己的感受，免得自己得罪別人，也免得為心中揚起的情緒所苦。然而，這樣做可能使我們無法表達真正的需求和願望。感受裡有重要線索。我常對病人說：我們的感受就像羅盤，它們提供有用的資訊，讓我們看出自己真正想要的是什麼。雖然我們經常想壓抑或麻痺痛苦的情緒，但關於我們

《也許你該找人聊聊》共鳴選句

每個人都有底線，達不到的話寧可整件事拉倒。可是病人要是一再沉溺於這種精打細算，我有時會對他們說：「如果皇后有蛋蛋，就能當國王了。」如果你就是不承認「完美是美好之敵」，你無異於剝奪自己的快樂。

的人生適合什麼、不適合什麼，答案卻正是在這些情緒裡。情緒能引導我們注意需要注意的事物，抹煞情緒就像開車時不用地圖。

練習「呈現問題」可能會勾起你的某些感受——你也許會想進一步探索它們，也可能會想起與過去、現在或未來有關的不愉快。請好好利用現在這個時機，仔細觀察心境的變化，看看是否還有別的課題該學。我們平時會以各種手段迴避自己的感受，用食物、酒精、甚至製造問題來讓自己分心。網路也是我們慣用的逃避方式，我有個同事還說網路是「最有效的短期非處方止痛藥」。有時我們不喜歡心裡湧現的感受，就把它們像燙手山芋一樣扔給別人。《也許你該找人聊聊》裡的約翰就是這樣，他拚命想掩蓋他的悲傷和失落，於是用發火和惹火別人來取代這些痛苦的感受。事實上，我們每一個人都精通如何在感受上李代桃僵——用憤怒取代悲傷，用罪惡感取代快樂，用自我厭惡取代寂寞。

釐清自己的感受，並思索這些感受促使我們採取了哪些行動（或者反過來，思索這些行動讓我們產生哪些感受），是十分重要的自我覺察工具。但我們會不知不覺用很多方法保護自己的感受，讓它們變得難以察覺。我常常看到病人推開他們不願面對的感受，讓自己麻木。很多人以為麻木代表冷漠無感，但麻木其實不是沒有感受，而是被太多感受淹沒。你越懂得發掘埋藏在原始情緒（或麻木）深處的情緒，就越了解自己當下的感受，也越明瞭你的感受會如何影響你的行動。

舉例來說，憤怒是很多人都有的情緒。由於它向外發作，所以怪罪的對象是別人，發怒時還有一種高人一等的優越感。可是憤怒只是表層情緒，我習慣把它想像成冰山的山巔。如果穿透表層情緒往更深處看，你會發現底下還有你沒意識到、或不願面對的感受，像恐懼、無助、嫉妒、寂寞、不安全感等等。如果你願意看得更深，設法了解這些底層情緒想告訴你什麼，你就能以更有益的方式運用你的憤怒，也不至於總是動不動就生氣，甚至能不再拒人於千里之外。

不過，為了找出更深層的感受，你必須先看清表層發生了什麼。請回想一下麗塔的例子：在她的人生開始出現好事的時候（與鄰居共進晚餐，上網賣她的作品），她的表層情緒不是開心，而是恐懼，一種預期性的痛苦，用她的話來說是「事情一定會變糟」。這是麗塔長期以來的故事風格：她總是在等什麼事情出錯，所以即使遇上好的事情，她還是不信任快樂的感覺。在這層心境之下，她還有另一層情緒：她認為自己活該受苦，因為她犯了「罪」——毀掉子女的人生、對第二任丈夫欠缺同情、沒有過好自己的人生等等。如果她想真正體驗快樂，並將自己目前的敘事帶到新的方向，她就必須認清並處理更底層的感受——羞愧。

這個過程需要時間，所以我們先從小處著手，辨認你最常產生的幾種情緒，藉此聆聽它們對你現階段的故事透露了什麼。

《也許你該找人聊聊》共鳴選句

跟別人說你是心理師，對方常會驚訝得一時不知道要說什麼，接著大家會擠出幾個尷尬問題。我知道大家為什麼會有這種反應，說穿了就是恐懼——怕赤裸裸地暴露在別人面前，怕別人發現你的祕密。

冰山之巔

請將你感受到的情緒填入空格（可參考詞庫表格內的詞，但不限於那些）。

「原始情緒」參考詞庫
困惑／怨恨／不耐／不悅／樂觀／尷尬 興奮／不舒服／焦慮／有信心／快樂／感激 悲傷／羞愧／生氣／難過／自豪／喘不過氣

整體來說，哪三種情緒最能說明你每天的心情？

（1）

（2）

（3）

在面對考驗、壓力或衝突的時候，你最常出現哪些情緒？

現在，讓我們更進一步，想想這些感受如何影響你的行動。請切記：這些感受只是冰山的山巔，它們底下還有別的感受。我們每一個人對表層情緒的反應都不一樣，你的「行動」可能是內心行動（例如把憤怒關在心裡的某個角落，免得自己失控；或是只要出現負面情緒就開始責備自己），也可能是不假思索地喝一杯酒。情緒可能讓你退縮，迴避與人往來；也可能使你衝動，做出魯莽的決定。行動不只是你人生故事的情節而已，它們還帶著重要的訊息——你可以透過它們追本溯源，找出一開始導致這些行動的更深、更根本的情緒。在接下來的練習中，請試著找出情緒和行動的關聯。

《也許你該找人聊聊》共鳴選句

什麼叫「被憂鬱壓垮」呢？有點像：那裡是浴室，五呎遠左右，我看到了，但我過不去。這時候就得走一步是一步。絕對不要一下看五呎，只跨出一步就好。跨出一步之後，再跨出一步。最後你會搆到蓮蓬頭。

「行動／反應」參考詞庫

- 迴避批評
- 迴避讚美
- 責怪別人
- 責怪自己
- 暴食
- 打電話給朋友
- 使用酒精／藥物
- 壓抑這種感受
- 停下來消化這種感受
- 散步
- 運動
- 發呆
- 反應過度
- 自毀
- 對朋友或家人大吼
- 退縮或自我孤立
- 設法改善
- 分散注意力（上網亂逛、追劇、網路購物等等）

範例：當我感到（請填入原始情緒）我常常（請填入行動／反應）。

當我感到＿＿＿＿＿＿＿＿我常常＿＿＿＿＿＿＿＿＿＿＿＿＿＿＿＿。

當我感到＿＿＿＿我常常＿＿＿＿。
當我感到＿＿＿＿我常常＿＿＿＿。
當我感到＿＿＿＿我常常＿＿＿＿。
當我感到＿＿＿＿我常常＿＿＿＿。
當我感到＿＿＿＿我常常＿＿＿＿。

故事的不同面向

前面提過，你的人生大故事是由許多小故事組成的。有些故事你之所以不斷想起、說了又說，是有原因的。在《也許你該找人聊聊》裡，「**愛就是苦**」是麗塔最早告訴我的人生故事之一。她說，因為婚姻多次觸礁，子女又與她形同陌路，她相信愛就是苦，所以她決定再也別愛任何人。可是在我們交談的過程中，她漸漸發現：早在那些令她心碎的事情發生之前，她就已經有「愛就是苦」的感觸和遭遇。在她的關係一個一個破裂以前，她其實已

《也許你該找人聊聊》共鳴選句

研究一再指出：心理治療成功與否，最重要的因素是你跟心理師的關係——你覺不覺得對方「懂」你——這比心理師受的訓練、用的治療方式、你面對的是什麼樣的問題，都來得重要。

經寫好「愛就是苦」的故事，讓它滲入後來發生的每一件事。從她孤獨的童年到數度結婚生子，再到她對「我到家囉」之家和米隆的反應，我們一直可以看到「愛就是苦」的敘事線。

我想說的是：你其實還不曉得自己的哪段故事更重要。所以先別想太多，想到什麼就寫什麼，不要只寫你認為最重要的、或是與你現在的處境最有關的。接下來要寫的東西，會從不同的角度切入你的故事。這一章的目標只是記下幾個重要的故事，不必急著現在全部寫完。另外，由於我們回過頭看這一章的機會比其他幾章都多，所以請為目前還沒想到的故事預留一些空間，以後一定還會補上現在沒想到的事。

人生的每一幕

在接下來的練習中，我們會像看電影或戲劇一樣，看你的故事的每一「幕」。請記住：這只是你的故事**到目前為止**看起來的樣子。所以，寫的時候不妨把它當成初稿。它反映的是你一直以來訴說往事的方式，以及你賦予它們的意義（快樂、愛、失落、痛苦、恐懼的時刻、被人圍繞或寂寞的階段等等）；它也呈現出你**此時此刻**想到了什麼——這是十分重要的資訊。

也許你記得在《也許你該找人聊聊》第四十一章裡，我們提過心理學家艾瑞克・艾瑞克森（Erik Erikson）說的「社會心理發展」（psychosocial development）。艾瑞克森認為：每一個人都會經歷不同的社會心理發展階段。我們的人格在社會脈絡中如何發展，取決於我們如何經歷一個又一個人生階段，也取決於我們如何賦予它們意義。艾瑞克森說，每個階段都有必須度過的危機，例如青春期是追尋自我認同或混淆自己的社會角色，中年期則常常在創造的欲望（創作力與生產力）和停滯的傾向之間掙扎。

即將邁入七十歲的麗塔處在「整全VS.絕望」階段，她必須設法找到人生的圓滿感和意義感（整全）。可是她對往事充滿悔恨，不斷陷入絕望的漩渦。即使她的人生正朝新的方向開展（被「我到家囉」之家接納、與米隆相知相惜、藝術作品生意興隆），她還是無法享受人生，因為過去的傷痛仍在破壞她的幸福。她尚未完全度過幾十年前的重大危機——換句話說，她還沒想好怎麼修訂那些故事。為了走出絕望——也為了不再因為困於絕望而無能接受快樂——她必須找出她的故事裡的**整全性**，從而修訂她的故事。至於該怎麼做，有一部分與她怎麼回答我的問題有關——我問過她覺得自己的「罪」該判幾年？她當時回答「無期徒刑」。換言之，她的敘事沒有救贖的空間，她認為自己應該一輩子受苦，永遠為過去的事受罰，終生不得假釋。

下一個練習會請你回憶過去，想想哪些事和經驗讓你成為現在的樣子。從小時候開始，一幕一幕回想到現在的年紀。不論你想到什麼，它們都是重要的，也都與你現在要做的事相關。容我再提醒一次：這裡還沒有要修訂你的故事，不必拘束，想到什麼就寫什麼。

《也許你該找人聊聊》共鳴選句

就診原因常常只是更大的問題的其中一個面向，雖然病人是為它而來，但它往往只是煙霧彈。大多數人擅長過濾自己不想看的東西，精於利用分心或防衛機制來遏抑受威脅的感覺。

■ 第一幕：幼兒期（Early Childhood）〔3〕

你最早能想起的事有哪些？那些時候的你有什麼感受？哪些時候覺得被愛、有安全感？哪些時候沒有這種感覺？

■ 第二幕：青少年早期（Early Adolescence）

你和朋友處得好嗎？家裡的情況穩定還是混亂？那段時間你會為哪些事恐懼？又會為哪些事開心？

《也許你該找人聊聊》共鳴選句

防衛機制恰如其名，是有作用的。它們能保護人不受傷……直到人不再需要它們為止。刪節號那部分就是心理師的工作。

■ **第三幕：青少年晚期**（Late Adolescence）

你和家人還有中學朋友的關係如何？你和自己的關係又如何？（換個方式問：你當時怎麼看自己？）這段時間有哪些事讓你難忘？

■第四幕：二十歲階段

你追求了哪些夢想？哪些的結果不如預期？你離家闖蕩嗎？還是你選擇和家人待在一起？你開始建立哪些身分認同？

《也許你該找人聊聊》共鳴選句

我的督導有一次把心理治療比做物理治療，它可能並不好做，也可能讓你痛得咬牙，而且在進步之前，你可能覺得情況變得更糟。但你要是每次扎扎實實認真做，並持之以恒，你一定能把歪掉的地方矯好。

■ 第五幕：三十歲階段

你開始質疑自己的哪些身分？又重新發現自己的哪些樣貌？你想要有伴侶和小孩嗎？你的家庭生活如何？還是你選擇不要成家？哪些事讓你感覺不錯？

■ 第六幕：四十歲階段

你的人生在這個階段發生了哪些大事？你這個階段關注的主要是人（伴侶、孩子、原生家庭、你的人際圈）？還是事（如事業）？

《也許你該找人聊聊》共鳴選句

大家常常誤以為麻木是空虛，但麻木其實不是沒有感受，而是被太多感受吞沒的反應。

▪第七幕：五十歲階段

你變成什麼樣的人？你原本是否以為自己會成為另一種人，結果不是？你為自己的哪個面向感到驚訝？哪些事你希望重新來過？你又會怎麼訴說那些事？（帶著同情，還是帶著自責？）這個階段的你恐懼什麼？哪些事你不再恐懼？

■第八幕：六十歲以後

哪些事讓你開心？哪些事你想彌補？哪些事令你憤怒或悲傷？你對這個人生階段有什麼感覺？你覺得人生正走向何方？此時的你認為朋友和家人對你的意義是什麼？

《也許你該找人聊聊》共鳴選句

我聽過有人把創意講成一種能力，能掌握兩種很不一樣的東西的本質，再將它們打破、重整，創造出全新的東西。這正是心理師所做的事。我們鑽研最初的快照的本質，也思考想像的快照的本質……

著眼當下

在諮商室裡，我們固然會花很多時間討論和思考過去的事，但也會十分注意現在的事。我們稱之為著眼「當下」（here and now）。我和病人之間出現的氣氛——不論是緊張、不悅還是溫情——常常是我們在那個當下應該留意的重點。舉例來說，在約翰剛開始做諮商的那段時間，他一直用看手機來與我保持距離。但透過著手探討我們之間的事（例如他把我晾在一邊，讓我覺得不受尊重），我們總算能更具體地找出他需要處理的問題。留意自己在回顧過去時與自己交談的感受，就像心理師在諮商時留意氣氛變化一樣重要。我的建議是：

先把手機拿走（「拿走」指的是關靜音收到另一個房間，別放在身邊讓自己為看到的或聽到的分心），再找個舒服的地方坐下（坐在椅子、沙發或地板上都可以）。如果你喜歡的是戶外能接觸大自然的地方，別猶豫，就去吧！然後閉上眼睛，深呼吸。

暫停一下，讓這一刻教導你、啟發你。舉例來說：寫完童年的挑戰之後，你可以拋開情緒，馬上翻到下一頁繼續寫；也可以放空一下，看看心裡有沒有浮現別的東西。我們太習於掩蓋當下發生的事，而暫停有助於打破這種慣性，讓我們看見不同的角度。我們都知道，人有時候就是要暫停一下。

靜下來以後，請試著回答下列問題，它們或許能幫助你反思。

你現在出現哪些感受？

此刻，你的身體有沒有哪裡出現不一樣的感覺？（你的胸口覺得緊嗎？胃或指尖有刺癢感嗎？腿有動嗎？還是覺得身體變輕，比較沒那麼沉重了？你的呼吸是淺還是深？）

你現在想做什麼？（想一整天做這些練習？想把書扔到一邊？想洗個澡？想出去走走，呼吸新鮮空氣？想打電話給朋友？還是想分散注意力，「甩掉」這些感覺？）

《也許你該找人聊聊》共鳴選句

「痛跟苦不一樣，」溫德爾說：「你一定會痛——人都有痛的時候——可是你不一定得那麼苦。要多痛選不了，可是要多苦選得了。」他想，既然我死抓著受苦的感覺不放，我一定有從中得到什麼。

你現在想到哪個人或哪件事？你的心思是飄回剛剛寫的某個故事，還是飛向全然不同的另一個故事？停下來自由聯想片刻，看看你的心和身會帶你到哪裡，那也許會變成重要的次要情節。

寫下某個感受的故事

如果你覺得很難用幾句話概述整個人生，那是因為故事經常勾起其他故事，所以你接下來會有不少故事可以練習。如果你想多寫一點，這本書後面有預留一些空白頁。我想讓你知道的是：故事開始的方式很多。有的故事是從主要事件開始（像約翰，他的故事從小時候媽媽驟逝開始），有的故事雖然是從往事開始，但那些「往事」其實直到現在仍未改變（例如夏綠蒂的爸爸對她總是時而關心，時而淡漠，從以前到現在都是如此）。進入故事的方法有時是專心探討你的某一段故事，有時是深入思考某種**感受**的故事。底下這些問題或許能幫助你找出你最重要的幾個故事。請挑出一種感受，寫下那種感受的故事。請注意它把你的思緒帶向哪裡，即使它把你帶到離原本的問題很遠的地方，也請跟著它走。請問自己：

- 哪些故事是我不敢講出來的？
- 我與友誼的故事是什麼？
- 我與愛的故事是什麼？
- 我與我的身體的故事是什麼？
- 我與我的情緒的故事是什麼？
- 我最大的優點的故事是什麼？最大的缺點的故事又是什麼？
- 我的渴望的故事是什麼？
- 我的羞愧的故事是什麼？

《也許你該找人聊聊》共鳴選句

正視你的感受，不要認為自己應該如何如何，而去調整你的感受。這些感受無論如何都會在那裡，不妨迎接它們，因為它們有重要線索。

○正面／負面角色

到這裡為止，你都是自己寫下的故事的主角。現在，我要請你稍微想想當你配角的那些人。我們或許都是自己的故事的主角，但請切記：我們也都會因為別人而改變。你也許記得，在《也許你該找人聊聊》裡，我在治療一位名叫貝卡的病人時遇到了難關。〔4〕她因為人際關係不佳來找我，她覺得自己被同事排擠，為他們總是不找她一起吃飯或喝酒難過。她的情路也屢遭挫折，每個男友都對她先熱後冷，交往不到幾個月就分手。

但我還注意到另一件事：貝卡似乎沒興趣多了解自己。我問她怎麼看大家老是與她保持距離這件事，她說那是因為她的同事個個目中無人，她的交往對象全都不敢付出承諾。我也試過和她談談我們之間出現的問題（她對我失望，覺得我沒有幫到她），但她堅持她和別人從來不會鬧得這麼僵，只有和我才會。可是，我想請她談的其實不是她的同事，也不是她交往過的對象，甚至不是我，我的目的是幫助她看見自己，看見她的早年經驗如何形塑她成年後的樣貌。不論是對我、還是對她周遭的每一個人，她似乎都在重演她從很小開始就習於訴說的故事，但她好像無心深入。

凝視我們周遭的人，目的不是為了責怪什麼人，而是為了發掘我們人際關係的模式，從現在解開過去的結。我是不是在重演以前的故事呢？我故事裡的人——我的配角——是帶給我力量，還是在鞏固我過去的人際模式？這樣說吧：毫無疑問，世界上的確有很難相處的人。俗話說得好：「診斷一個人有憂鬱症之前，先確認他們沒被混蛋圍繞。」但有時候，我們會不自覺地接近符合我們以往的故事的人，或是選擇以不健康的劇本回應他們。

所以，現在請仔細回想你生命裡的重要關係，尤其是對現在的你影響最大的那些敘事裡的人。他們也許是你的父母、兄弟姊妹或好朋友，也許是你的第一位老闆、某位老師，或是你童年時的某個親切的鄰居。

請問自己：你生命裡的哪些人是你故事裡的正面角色？你從他們身上學到什麼？你的

《也許你該找人聊聊》共鳴選句

改變我們與過去的關係，是心理治療的主要部分。可是在另一方面，心理師很少談到我們與未來的關係也會影響現在。我們對未來的看法也會阻礙改變，威力不下於我們對過去的想法。

哪些需求沒有得到滿足？你的哪些需求有得到滿足？

現在，請回想你的敘事裡的負面角色。

想一想你現在的人生故事，或是你在「呈現問題」部分寫下的東西（第18頁起）。有沒有誰為哪段敘事加入緊張關係？有沒有誰在你心裡扮演的是惡霸？在你們之間的問題裡，這些人扮演了什麼樣的角色？你們之間現在是否仍有連結？你那時沒有講出口的是什麼？如果那時能講些什麼，你會講什麼？為什麼你那時沒說？

《也許你該找人聊聊》共鳴選句

我們以為未來是以後的事，但我們其實每天都在心裡創造未來。所以當現在崩壞，我們與這個現在相關的未來也跟著瓦解，而失去未來是一切計畫扭曲的根源。

現在，請重新寫下這段故事，但這次從**他們**的角度來寫。對於你們之間的問題，你想他們會怎麼敘述你的角色？又會怎麼敘述他們自己的角色？請從他們的角度用第一人稱寫下這段故事，彷彿他們現在在我的諮商室裡敘述當時的事。就算你的版本和他們的版本沒什麼交集，但你在兩者之間找得到任何共同點嗎？那些交集或共同點是什麼？

第一次反思

在進入下一章之前，請用以下空白寫下你到目前為止對自己的認識。哪些部分令你詫異？哪個故事與你呈現的問題最有共鳴？從另一個角度回顧你的故事，讓你產生什麼樣的體悟？

《也許你該找人聊聊》共鳴選句

每個來心理治療的人，都會擔心自己的想法或感受或許不「正常」或不「好」。可是，想釐清自己充滿曖昧和複雜的人生，就必須對自己誠實。壓抑這些念頭可能讓你表現「不好」，承認它們則讓你成長。

Maybe You Should Talk to Someone: The Workbook
A Toolkit for Editing Your Story and Changing Your Life

註釋

1 譯註：“X walks into a bar”是英文常用的笑話起手式，所以這裡譯成故事常見的起手式「從前從前」。在此同時，作者似乎有意用「bar」的多重意義玩文字遊戲：「X walks into a bar」裡的「bar」指的是「酒吧」，最後一章標題「Unpeeling Your Hands from the Bars」的「bar」指的是「柵欄／牢籠」。如果她是刻意讓第一章和最後一章的章名首尾呼應，第一章的標題「An Unreliable Narrator Walks into a Bar」就不是英文笑話起手式的「從前從前，有個不可靠的敘事者走進酒吧」，而是「從前從前，有個不可靠的敘事者走進牢裡」。考慮到“X walks into a bar”的原意和作者首尾呼應的用心，我把這一章的標題譯成「從前從前，有個不可靠的敘事者自己蹲進牢裡」。

2 譯註：各學會、組織對「幼兒期」、「青少年早期」和「青少年晚期」的界定不一，「青少年晚期」通常涵蓋二十出頭的年紀，而且大多數分界在「青少年早期」和「青少年晚期」之間還有「青少年中期」。考慮到作者似乎無意嚴格界定，在這邊不標年齡。

3 編按：參見《也許你該找人聊聊》第十八章。

《也許你該找人聊聊》共鳴選句

擺著不管容易多了！我們很多人都是這樣，把所愛的人當成理所當然，將有意義的事看做天經地義，等到發現自己時日無多，才明白最重要的東西——人生——已輕輕溜過。

CHAPTER 2

仔細檢視你的故事
——發現故事裡的彈性
Reading Between the Line: Finding Flexibility in Your Narratives

我知道人經常編造千瘡百孔的敘事，
雖然目的是讓自己在當下好過一點，
但長期來看，這反而會讓他們更糟——
我還知道，人有時需要別人點出哪裡有破綻[1]。

——《也許你該找人聊聊》

絕大多數的重大改變，都是成千上萬個小到幾乎感覺不出的腳步累積而成。我們在上一章已經稍稍邁開步伐，收集你的故事。現在，我們要進一步細看這些故事，反思你訴說它們的方式，還有它們是否準確反映了你的模樣。

我們在心中種下的故事生根越深，它們伴隨我們的時光就越久，其中一些甚至久到與我們的自我認知連成一氣，盤根錯節。我們是我們告訴自己的樣子。我們用故事訴說自己的人生，告訴自己曾經發生什麼事、我從哪裡來，還有我為什麼會這樣思考、那樣行動。不過，人生故事就像別的故事一樣，隨著說故事的角度不同，我們理解它們的方式也會不一樣。所以，在諮商室裡聽病人說話的時候，我不只會聽他們講每件事的來龍去脈，也會注意他們怎麼說這些事——他們相信自己的說法是唯一真相嗎？還是他們能靈活看待自己的說法，知道同一份人類經驗可以用很多方式敘述？

《也許你該找人聊聊》裡的人也不例外，他們抱得最緊的故事就是最需要修訂的——以約翰來說，是「我比任何人都能幹」的自我防衛故事；以麗塔來說，是她對「愛與幸福必然帶來失望和痛苦」的執念；以夏綠蒂而言，是「我親近的人一定會令我失望」的想法。在《也許你該找人聊聊》最後，我們看到這些和其他故事都獲得大幅修訂。我想，在你做完這本書的練習時，你的故事同樣會有不少調整。

我們都渴望了解自己，也渴望被人了解，可是，我們會不會已經把自己定型成某個角

《也許你該找人聊聊》共鳴選句

詢問一個人父母的事，不是為了責備、評判或批評他們。事實上，這跟他們的父母一點關係也沒有，只是要了解早年經驗如何塑造成年後的他們，藉此幫助他們分開過去和現在，脫下不再合身的心理外衣。

色，任自己被這個角色框限？如果我們心裡的故事其實以某種方式限制了我們，我們該怎麼活出真我、過得有意義？我們都和約翰、麗塔還有夏綠蒂一樣，有時候會困在某種行為或思考模式裡，讓自己陷入泥沼，停滯不前，就像電影《今天暫時停止》（*Groundhog Day*）中比爾．莫瑞（Bill Murray）演的那個角色，總是一而再、再而三地踩到同一灘水。我們經常問自己：為什麼我總是做出一定會讓自己不愉快的事，而且一做再做？其實，我們只要細細耙梳自己的敘事，就能得到可貴的啟發，領悟到它為什麼會變成現在的樣子。在這個過程裡，我們也能發現，為什麼自己的故事的某些地方經不起考驗。這些「劇情漏洞」可能始終都在，也可能出現得相對較晚，但不論是哪一種，看出這些漏洞都有助於我們避開那個水窪。

在這一章的前半段，我們要為自己擔起編輯的重任，檢查自己的故事有沒有漏洞。這樣做的目的，是設法釐清我們怎麼看待自己和他人，看看哪些情節可能比我們以為的有彈性，還有哪些敘述或許有誤，需要修訂。更深刻地認識自己的故事是改寫它的關鍵步驟，否則有漏洞的敘事會影響你的每項選擇、每個決定，還有每天所做的一切——而且你甚至渾然不覺。

每次與人晤談，我總是好奇他們會在故事裡透露什麼、保留什麼、他們選擇以這種方式說故事的動機，還有這些因素會如何影響我吸收資訊。雖然這本書會從不一樣的角度引導你練習，但我希望你也能在自己的故事裡看出彈性。這些練習可能需要你擱下以往的思考方式，重新檢視你每天對自己說的最根本的故事。做這些練習時請疼惜自己（self-compassion），設法培養不帶批判的好奇態度——這很重要。我也會在本章後半段分享一些工具和練習，幫助你熟悉把舊觀點改成新觀點的技巧。在這個過程，請溫柔對待自己。

○用一句話總結人生

雖然我們總是對自己說複雜曲折的故事，但令人驚訝的是，它們常常能濃縮成一句話，我們姑且稱之為「人生總結」（life sentence，當然，這裡的意思不是麗塔說的「無期徒刑」）。人生總結概括了你此時此刻的樣貌，它既是你定義自己的方式，也可能在某種程度上限制了你。但好消息是：你不必困在你的敘事裡（接下來幾章會看得越來越清楚）。透過你在這本書裡練習的自我提問（self-inquiry），你會漸漸看出自己的故事有哪些地方可以鬆動，從而捨棄對你無益的思考或行為模式，在你所做的每一件事情上發現新的彈性。

約翰第一次來諮商時，他的人生總結是「我身邊全是白痴」。他那時候的表現很討人厭：他對我冷嘲熱諷；說他不想讓太太知道他來諮商，所以打算每次談完直接付我現金，跟包養「情婦」一樣；然後又馬上說他才不會看上我這種人，所以找我比較像叫「雞」。

《也許你該找人聊聊》共鳴選句

雖然每個人都有侷限，但少有父母打從心底不希望子女有好的生活。這不代表我們對父母的侷限（或心理健康困擾）不能有情緒，只是要想出如何應對。

我知道他是藉著出言不遜與我保持距離，來保護他自己，但他沒有察覺的是：這樣處理情緒只會讓他感覺更糟，而非更好。

隨著一次又一次的諮商，我們漸漸看出他的故事裡的破綻，讓新的故事呈現出來。新的故事透露出他內心深處的脆弱與掙扎，也守著一場他說不出口的悲劇。這就是心理治療的工作。心理師必須設法看見病人真正的樣子，即使他們因為自尊太強而隱藏這些感覺，刻意表現得雲淡風輕、一派從容。切中敘事要點是關鍵的一步，這能讓我們看出哪些作法無濟於事，還有我們可以用什麼方式處理更大的問題。

約翰的粗魯是迴避痛苦的自我防衛。六歲的時候，他的媽媽被車撞到，不幸去世；多年以後，約翰與一輛休旅車發生車禍，六歲的兒子蓋比當場喪命。這兩道創傷就像約翰的銅牆鐵壁，讓他躲在裡面說：沒錯，**我的確遇到了很慘的事，但我好得很，什麼事也傷不了我，因為我與眾不同。**雖然這套說詞能暫時保護約翰，但長期來看，這種想法會劫持他的故事情節，讓他的人際關係越來越緊繃。最後，他變得寂寞無比。

以下練習會以兩種方式協助你找出人生總結。第一個練習能讓你看出你最重視哪些故事（這一類的故事常常已化為執念，約翰的情況就是如此），第二個練習會帶你回到前一章找更多線索。在發掘意義的時候，請記得你的故事會不斷展開，所以你現在寫下的只是暫時的，它們可能還會隨著你的進展而變化。

找出你的人生總結

我們從這裡開始：以下對於自我和人生的敘述，哪幾句話讓你最有共鳴？請打勾。

- ——我最得意的日子還沒到。
- ——我的問題通常都能解決。
- ——沒有人真正了解我。
- ——什麼事都讓我焦慮。
- ——我比大多數人聰明。
- ——每個人都喜歡我。
- ——我不敢與人親近。
- ——大家總是會離開我。
- ——我太容易愛上別人。
- ——我沒什麼天賦。
- ——我的價值取決於我能給別人什麼。
- ——我懂得從過去的錯誤中學習。
- ——我害怕失敗。

《也許你該找人聊聊》共鳴選句

心理治療需要內省與悟性，自戀型人格因為很難認清自己和別人，治療過程往往充滿挑戰。

只要努力，我就能得到我想要的。

一切必須完美無缺。

我就算努力也很少成功。

我讓人害怕。

我一味迎合別人。

別人老是占我便宜。

在大多數情況下，我需要得到別人的認可。

我做事總是「太過」。

我很隨和。

我需要大家對我有好感。

我怕改變。

我不像別人以為的那麼好。

我對自己很嚴。

我沒辦法信任別人。

我傾向相信自己。

大多數的人是好人。

——對我來說，付出愛不難。

——我很難付出愛。

——寫下你自己的句子：

——寫下你自己的句子：

看一下你勾了哪些句子，想想這些想法是什麼時候出現的，後來又是怎麼鞏固的。比方說你勾了「大多數的人是好人」，它第一次出現在你的故事裡是什麼時候呢？你是從小生長在大家彼此關心的家庭或地方？還是這句話與你的早年經驗其實恰恰相反，你是後來才好不容易相信這件事？你勾的多半是正面敘述嗎？還是它們說的故事透露出你不信任世界或自己？哪些句子限制了你的成長？哪些句子有助於你養成積極的心態？如果要挑一個句子代表你一而再、再而三踩到的「水窪」，你會挑哪個句子？

有沒有哪句話能一語道盡你現在的人生？它可能就是你目前的人生總結。

《也許你該找人聊聊》共鳴選句

人格違常的表現方式像光譜一樣。最重要的是，有人格違常的跡象未必代表達到正式診斷標準。每個人都時不時會出現輕微的人格違常。

與大故事結合

這部分的練習，要把你的人生總結放進更大的故事脈絡。首先，請回顧你在第一章寫的幾段往事。我建議先重看「呈現問題」的練習（第18頁起），再從「人生的每一幕」挑另一個故事來看（第29頁起）。這種方式能幫助你看見貫穿過去與現在的主題。其次，請選出這個階段最能總結你的人生的句子（請從我們剛剛做的「人生總結」練習裡選）。仔細閱讀之後，請開始思考：在你的大故事裡，你的人生總結是怎麼發展的。

範例：

人生總結：在大多數情況下，我需要大家對我有好感。

大故事：在「呈現問題」部分，我提到我覺得朋友不太在乎我，也沒有真正了解我。這可能與我不敢在他們面前露出脆弱有關，也可能是因為我覺得某部分的自己並不討喜，所以從來不敢讓他們看到我的那些面向。我也許該試著在他們面前做自己，這或許能讓他們更容易了解我。

人生總結：

大故事：

《也許你該找人聊聊》共鳴選句

我知道要求多、愛批評、常生氣的人往往強烈感到孤獨；我還知道有這些表現的人既想獲得關注，又怕受到關注。

○「痛」有多「苦」

我在《也許你該找人聊聊》裡有幾次重大領悟。其中一次是我沉溺於說前男友的是非，我的心理師溫德爾默默站起，向我走來，用他的長腿輕輕踢了我一下。

「欸！你幹嘛啊？」我問。

「喔，因為你好像滿喜歡把自己弄得很苦，所以我日行一善幫你忙。」

他的解釋很有智慧：「痛」和「苦」不一樣，「痛」是人生在世的一部分，是我們控制不了的。每個人都會有「痛」的時候，但我們不一定要讓自己那麼「苦」。他說：「要多痛選不了，可是要多苦選得了。」

他說得沒錯。反覆講前男友的事是自討苦吃，上網搜尋他的近況是自討苦吃，為我搜到的那些東西編故事也是自討苦吃。但即使是我憑空想像的故事，還是無可避免地證明了另一個更大的故事：他不夠愛我。

「痛」一開始可能有幫助，它帶著重大線索，能讓我們看見什麼是行不通的，也能提醒我們什麼毛病或許應該改了。然而，沒有人喜歡「痛」，所以我們總是想方設法趕走它，有時候是千方百計掩蓋這種感受，有時候是以攻擊別人來轉移焦點，但更常見的是把這種感覺轉向內在，開始責難自己。這些回應「痛」的方式都有可能把它扭曲成「苦」。

那麼，我們該怎麼擺脫「苦」？

這就是檢視人生故事的作用所在。透過仔細思考你的故事裡的痛點，你會開始察覺那一份「痛」想告訴你什麼，還有你是在哪裡**創造出「苦」**。請把這個練習當作這本書的「溫德爾式踢擊」。

剖析你的痛苦

思考人生總結的時候，請留意隨之而起的痛感，那可能是不安全感，也可能是一種被糟蹋的感覺。也許你常常覺得被人利用或輕視，也許你曾經想做某一件事，卻未能如願。

找出人生總結之後……

發現自己＿＿＿＿＿＿＿＿＿，令我感到痛苦。

對我來說，最常造成我的痛苦的是＿＿＿＿＿＿＿＿＿。

在人生裡，讓我痛苦最久的是＿＿＿＿＿＿＿＿＿。

我發現，帶來新的痛苦的是＿＿＿＿＿＿＿＿＿。

在總結人生的此刻，你還發現了哪些別的痛點？

《也許你該找人聊聊》共鳴選句

心理治療不必墨守成規。我們（心理師）確實需要立下專業界線，但界線要是寬得像海，或是窄得像魚缸，我們等於是自找麻煩。

釐清哪些事令你痛苦之後，接下來要問的是：你從這些痛苦中得到了什麼？

回想一下你的每一個反應，好好思考這些痛苦的感覺是否給了你什麼。痛苦對我們的人生固然有不健康的影響，但它也能發揮健康的作用。舉例來說：為關係破裂而痛苦，也許能讓你覺得和對方仍維持連結，即使你們已不相往來；把事情拖到最後一刻才做的壓力固然痛苦，卻也能讓你熬夜趕工，提醒你下次該早一點開始。請思考這些情緒在你的故事裡扮演怎樣的角色，並寫下心中浮現的想法。想到什麼就寫什麼，和前面的練習一樣，答案沒有對錯。

為＿＿＿＿＿＿＿＿而痛苦讓我有所獲得，因為＿＿＿＿＿＿＿＿＿＿＿＿＿＿。

為＿＿＿＿＿＿＿＿而痛苦讓我有所獲得，因為＿＿＿＿＿＿＿＿＿＿＿＿＿＿。

為＿＿＿＿＿＿＿＿而痛苦讓我有所獲得，因為＿＿＿＿＿＿＿＿＿＿＿＿＿＿。

為＿＿＿＿＿＿＿＿而痛苦讓我有所獲得，因為＿＿＿＿＿＿＿＿。

○以坦誠發現彈性

重新審視你一直相信的人生敘事，有助於你看清哪裡有改變方向或調整重點的空間，幫助你對自己更加坦誠。願意坦誠面對自己後，彈性與成長和改變的力量也會隨之浮現。

在《也許你該找人聊聊》裡，我的病人茱莉有一項令人敬佩的特質：她願意坦誠直視赤裸裸的真實人生。才三十多歲就被診斷為癌症末期是嚴重打擊，然而即使心情沉痛，她一點也不想聽陳腔濫調的寬慰之詞。第一次見到她的時候，我心裡冒出作家芙蘭納莉・歐康納（Flannery O'Connor）的話：「真相不會隨著我們承受它的能力而改變。」

大多數人會為了保護自己或他人而迴避真相，沒有這種習性的人少之又少。我們多半想都不想就反射性地這樣做，反倒必須經過努力才能直視讓自己害怕、羞愧或真正感到快樂的事物。我們有多少次因為顧慮別人的感受，而說出善意的謊言？不過，意識到自己迴避真相固然不易，察覺到我們對自己並沒有完全坦誠更難。你也許會淡化你和伴侶的衝突，說你們「只是意見有點不合」、「哪有夫妻不吵架的？」你也可能像我酗酒成性的病人

《也許你該找人聊聊》共鳴選句

傑克・康菲爾德說：「靈性成熟的第二個特質是寬厚，它的基礎是從根本處接受自己。」心理治療也一樣，我們追求的是自我同理（我也是人），而非自我評價（我是好人還是壞人？）。

夏綠蒂一樣，總是說自己只是「喝兩杯應酬一下」。

談到不太符合實情的事時，我們常常會馬上改變話題，因為在某種程度上，我們知道接下來很可能會碰觸到不太愉快的部分。人都不喜歡被指出自己的說法前後有出入，所以我們會反射性地厭惡自己原版的故事。可是，雖然原版的故事未必合我們的意，它還是可以讓我們更認識自己，從而增進我們的幸福。不論對茱莉還是我們來說，越能坦誠看待自己的故事，越能在其中發現新的彈性空間。

茱莉在大學任教多年之後才拿到終身教職，跑去應徵喬氏超市收銀員似乎完全不符她的個性。她向來不喜歡冒險，凡事都要循規蹈矩、按部就班才安心。但突如其來的惡疾和生命威脅改變了她的視野，促使她以極其坦誠的態度面對自己、思考人生。既然她真正渴望的是意義感和與人接觸，去喬氏超市為親切的顧客服務又有何不可？可是在做這個重要決定之前，她必須看見她的自我意識裡的彈性。唯有放下僵硬的敘事，她的故事情節才有展開的空間。

接下來的幾個練習，是為了發現我們的故事裡存有什麼彈性。不必嚴厲責問自己，只要輕輕推自己一把，對自己的故事提出疑問。大膽直視自己的能力需要鍛鍊，這裡的練習只是另一個突破舒適圈的機會，幫助你往更深之處探索你的渴望、你的能力所及，還有未來的其他可能性。

再次檢視「呈現問題」

請重讀「呈現問題」部分，但這次假裝自己是關心你的另一個人（例如你的朋友或心理師），細細檢視你寫下的故事，並溫和地指出其中的漏洞。

在一開始呈現問題的時候，有沒有什麼事是你當時避而不談的？你認為自己那時為什麼會略過它？如果你當時選擇寫下它，你覺得自己會有什麼感受？

請找出一個明顯遺漏的環節——一個現在看起來很重要、但當時沒有寫到的環節。

《也許你該找人聊聊》共鳴選句

「失去」其實是多面向的，它包括具體的失去（例如我失去男友），以及潛在的失去（「失去男友」所代表的意義）。

現在回過頭看，你有沒有誇大或淡化什麼事？

對這段故事認識更深、也看得更清楚之後，你對它的想法有沒有改變？你有沒有發現以前沒看到的改變機會？

被掩蓋的快樂

我們在前一章有提到：麗塔即使遇到好事，也難以容許自己享受快樂。我在《也許你

《也許你該找人聊聊》共鳴選句

我們心理師陪病人時所做的、說的、感受到的一切，都受到自身生命歷程的影響；我所經歷的一切，會影響我在將來某個時間、某次晤談裡的表現。

該找人聊聊》裡提過一個術語：快樂恐懼症（*cherophobia*）。當時的麗塔患有憂鬱症，也已經自責了幾十年，總是一碰到正面情緒就退縮。這一方面是因為她覺得自己不配擁有正面情緒，另一方面是因為她相信這些感受不會持久：**別過得太爽，事情一定會變糟**。麗塔的例子讓我們看到：「坦誠面對自己」和「深入探索感受」不僅能用來發掘潛在創傷，也能夠審視自己回應和體驗正面情緒的方式。正面感受所透露的資訊往往和負面感受一樣多，而且它們常常能讓我們在出乎意料的地方發現彈性。

接下來的練習和上一個一樣，也要請你暫時跳出自己的角色，切換到另一個人的視角。但這次不是從朋友或家人的角度，而是用與你比較不熟的中立觀察者的視角，例如星巴克裡招呼你的店員，或是圖書館裡為你推薦好書的館員。請試想：如果你對他們講起自己的某件事，他們會怎麼說？

請挑一件讓你產生強烈情緒的人生故事，可能是你最近做的一項重大決定，可能是你和某個親人的衝突，也可能是某件令你有點緊張的好事（從已經寫下的故事裡挑一件也可以）。請用三到四句話簡述，就像和不熟的人稍微聊到一樣。

你認為他們對這個故事會有什麼反應？是同理？高興？還是關心？你覺得他們會說：「哇！你一定超開心的！」還是會說：「欸，別得意忘形啊！樂極一定生悲。」

視角改變之後，你有沒有發現這則敘事的彈性呢？例如：「雖然決定離家讓我緊張，但我也看到認識新朋友的機會，以及敞開自己接受新經驗的可能性」。

《也許你該找人聊聊》共鳴選句

每個心理師都得思考：（病患訴說的）故事是否經過誇大，哪些配角非常重要，或者無關緊要？故事有往前推進嗎？還是主角一直在兜圈子？情節之間看得出主軸嗎？

疼惜自己

如果你對自己嚴苛，你對別人可能也一樣嚴苛。《也許你該找人聊聊》的約翰是很明顯的例子，而這種類型的人比比皆是。在心理治療時，我們經常談到疼惜自己和善待自己的重要性。有的人不敢疼惜自己，因為他們認為這是降低對自己的要求。的確，我們都對自己有一定的期許，但疼惜自己不代表忽視責任。苛求自己不但無法讓你從經驗中學到更多，反而只會讓你更苦。每次我遇到有自我苛責傾向的病人，我總會提醒他們：「你如果需要找人談談自己，千萬別找現在的自己。」

我常常請病人把腦子裡對自己說的話都寫下來，記錄幾天，下週來諮商時一起討論。

這樣做之後，他們往往會很詫異自己竟然對自己如此苛刻。我有一位病人做了功課，但下週回到諮商室卻一個字也念不出來，她崩潰痛哭，說：「我從不知道我對自己這麼壞！」她說，每次她寫電郵時犯了點小錯，腦海裡的聲音就罵她：「你這個白痴！」每次她照鏡子，那個聲音就說：「你今天醜死了！」每次她在街上看到情侶手牽手，那個聲音也會說：「你永遠沒人要。」

我們很難注意到自己腦海裡出現了這些對話，因為對我們來說，事實就是如此——夏綠蒂相信自己一定有問題，所以每次交往都維持不久；麗塔相信自己是壞人，所以活該受苦；約翰相信只要他流露情緒，家裡一定會出問題。然而，這些內心獨白只是故事的其中一個版本，而且是千瘡百孔的版本。

疼惜自己才能更全面地看見自己，看見自己是複雜的人，會學習、調整和成長，不是只有善的一面或惡的一面，也並非總是**這樣**或就是**那樣**。自我疼惜不只能培養善待自己的習慣，也能讓你以更溫厚的態度待人處事。

記錄腦海裡的聲音

我平常也會請病人做這個練習，這裡請你做的是簡單版：請寫下你腦海裡浮現的內容，只要一天就好，不必記錄好幾天。可以的話，請把這本書擺在身邊，仔細聽你腦海裡

《也許你該找人聊聊》共鳴選句

心理師窺探的是心而不是腦，我們必須從最細微的姿勢或表情，判斷是否觸及敏感神經。但我們跟神經外科醫生不一樣，我們是朝向敏感區域挖掘，而且還小心施壓，即使這會讓病人不太自在。

的聲音。你一開始可能不會注意到它，因為它幾乎就像電台或電視的背景音樂——你太習慣它的存在，習慣到你以為自己沒聽見。可是，你其實聽見了。所以，請專心聽，把你聽到的東西寫下來。但請切記：在做完這個練習之前，請不要糾正自己，也不要回頭看你寫了什麼。

現在，請回來看你腦海裡浮現的內容。你有注意到什麼嗎？哪些地方讓你驚訝？哪些東西你並不意外？

《也許你該找人聊聊》共鳴選句

人都想了解和被了解，可是對大多數人來說，我們最大的問題是不知道自己有什麼問題，於是一再陷入同樣的困境。很多人一定想過：為什麼我明明知道這樣做對自己的幸福有害，卻還是一做再做？

溫德爾有一次說：人一生中最常對話的不是別人，而是自己，可是我們對自己講的話不一定溫和，不一定真實，不一定有幫助，甚至不一定尊重。我們對自己所說的話，絕大多數都不會對我們關愛的人（朋友、孩子等等）說出口。我們在心理治療中學習留意腦海裡的聲音，好讓自己學會以更好的方式與自己溝通。現在，讓我們進一步練習這個技巧。

在前一個練習裡，你或許有冒出或寫下幾個負面想法，請從中挑出一個。你對自己說了什麼負面的話？

現在，請就這個想法問你自己下列問題：

這樣講厚道嗎？如果不是，比較厚道的表達方法是什麼？

你真的是這樣嗎？如果不是，你事實上是什麼樣子？

這樣講對你有幫助嗎？如果沒有，怎麼樣表達這種感受對你比較有益？

《也許你該找人聊聊》共鳴選句

很多人剛開始做心理諮商時，好奇的不是自己，而是別人（為什麼我丈夫那樣做？），可是我們（心理師）會在每次晤談時播下好奇的種子，因為心理諮商幫不了對自己不好奇的人。

另一種修訂故事的方式，是從另一個人的角度加以重構。試想：假如你必須將這個訊息傳達給你關心的人，你會怎麼講？

範例：

原本的句子：「你今天不可能漆得完，只是苟延殘喘而已。你就是愛拖，昨天拖，今天也拖。」

修飾過的句子：「昨天是昨天，今天是今天。重點是：你現在該怎麼擠出刷油漆的時間？」

原本的句子：

修飾過的句子：

旁觀者清

想想別人怎麼看你，也能改變你對自己的看法。在本章最後這個練習裡，請從你這一章記錄的內在對話中選出三到四句話——不論它們是否厚道、是否真實或是否有幫助——也許是「沒人喜歡我」，也許是「我誰也信不過」，也可能是「我根本沒救了」。花幾分鐘再說一次你的人生故事，但這次要從另一個人的角度說。這個人可以是支持你的親人、欽佩你的外人，或者總是能看出連你自己都沒發現的優點的好友。用這個人的聲音重說這段故事，看看它感覺起來與你內心所說的故事有多麼不同。

《也許你該找人聊聊》共鳴選句

心理師會用三種資訊評估病人：病人說了什麼，病人做了什麼，還有我們跟病人互動的感覺。我們對病人的感覺之所以重要，是因為我們感覺到的，可能跟病人生活中的每一個人感覺到的一樣。

第二張快照

既然我們正在練習培養自我疼惜，現在應該是再拍一張快照的好時機。用比較溫和的眼光看自己的時候，你有看見什麼不一樣的地方嗎？

第二次反思

在進入下一章之前，請用以下空白寫下你在檢視故事時得到的啟發或領悟。有沒有哪些小故事線令你詫異？在這些小故事線和你覺得被困住的情境之間，你有沒有發現任何關連？在稍微懂得疼惜自己和修改負面想法之後，你可以在自己的人生故事裡找到彈性空間了嗎？你認為哪幾個敘事是有問題的？有沒有哪些敘事現在不再能帶給你什麼，所以你想加以改變？

《也許你該找人聊聊》共鳴選句

在心理治療過程中，你必須負起責任、敞開弱點。我們不會拉著病人直搗問題核心，我們只會輕輕推著他們靠自己走到那裡，因為最有力的真相——人最嚴肅看待的真相——是他們自己一點一滴領悟的真相。

Maybe You Should Talk to Someone: The Workbook
A Toolkit for Editing Your Story and Changing Your Life

註釋

1 譯註：在《也許你該找人聊聊》裡原本譯為「弦外之音」，這裡依本章內容調整。

《也許你該找人聊聊》共鳴選句

心理治療契約隱含的是病人願意忍受不自在，因為有些不自在是心理治療發揮作用所無法避免的。

CHAPTER 3

冰山之下
——發掘人生故事裡的主題與模式
What Lies Beneath: Uncovering Themes and Patterns in Our Stories

心理治療過程有個耐人尋味的矛盾：
為了達成任務，心理師會試著看出病人真正的樣子，
換句話說，他們會特別留意病人的脆弱、掙扎和行為模式。
病人呢？病人當然希望心理師幫助，
可是他們也想受到喜愛和敬佩，換句話說，
他們會隱藏自己的脆弱、掙扎和行為模式。

——《也許你該找人聊聊》

我們在前一章重讀自己的故事，仔細檢視內容，將較大的敘事去蕪存菁，精煉出核心信念，以探究它們更深一層的意義。希望你有發現一些令你驚訝、或是能改變你平日視角的東西。用更有彈性的方式閱讀自己的故事是一門藝術，透過不斷練習，你或許能看出更多可能性，至少可以提高自己的好奇心。

延續上一章的練習，我們這一章會把焦點放在主題與模式，亦即我們人生故事的次要情節。現在，你或許已經發現哪些敘事對你無益，或者哪些敘事你想改變。優秀的編輯都有拆解敘事的本領，而拆解敘事正好能讓你更清楚地看見阻礙你的是什麼、纏住你的是什麼，還有讓你看不清方向的是什麼。我們接下來會談到幾種最常讓人困在自身視角的陷阱，還有如何分辨你的故事可能是被哪些陷阱困住了。

在進一步討論之前，我們先花點時間定義這一章的兩個術語：**主題**（theme）和**模式**（pattern）。你也許記得中學英文課時學過：主題是故事（或任何一種藝術品）的主要概念或含義，通常可以濃縮成兩、三個詞。舉例來說，麗塔有一天帶著作品包來諮商室，裡面是她上網販售的版畫的草圖，一系列作品都是依她自己的人生經歷創作的。雖然那些畫每張都很不一樣，但它們的**主題**是一貫的：希望、老化，還有時間。這些畫作雖然畫風詼諧，但連貫的主題透露出它們的深度。故事也一樣，不論情節、角色、背景——或是這些要素的混合——都有助於揭露故事更深一層的意義。

《也許你該找人聊聊》共鳴選句

雖然聽起來違反直覺，但心理治療是在人開始好轉時效果最好——在他們較不沮喪、較不焦慮，或是度過危機之後。他們這時比較不會被情緒帶著走，比較能集中精神在當下，也比較有心力投入心理治療。

在我每天聽到的各種故事裡，**模式**常常反映出病患敘事中的重要主題。這裡的「模式」可以理解成一套反覆出現的反應或行為。舉例來說，我在《也許你該找人聊聊》中寫過一名二十多歲、名叫莎曼珊的病人〔1〕，她對父親的死因有疑問，想透過諮商釐清這段故事。她小的時候，別人告訴她父親死於船難，但長大以後，她開始懷疑父親是自殺身亡。在此同時，莎曼珊每次與人交往，總是不斷對那段關係挑三揀四，好像非要找到提分手的理由不可。這就是行為模式的例子：莎曼珊每次認識新的人，開始和對方交往，她的一連串反應總是造成可以預期的結果。

有趣的地方來了：如果仔細分析這兩個故事，你會發現它們有同樣的主題──拋棄。因為莎曼珊不願看到男友變成像她父親那樣的謎，所以她重新創造了一段拋棄的故事──只是在新的故事裡，主動拋棄的人是她。她在新的故事裡掌握了主導權，但她最後還是孤獨一人。這段敘事還有很多可以深入的地方，這裡先用它來說明模式和主題如何一起發揮影響。在回顧你的故事時，你可以把它們分開來看，仔細思考它們怎麼反映在你的決定和人際關係之中；也可以同時比較好幾個故事，看看這些主題如何反覆出現。不論用哪一種方式，都可以培養在敘事中看出和發掘主題與模式的能力，這是每個負責修訂故事的編輯都必須要有的本領。

○找出想法與行動的迴路

重蹈覆轍的背後

從最重要的關係可以看出最深刻的模式。我在《也許你該找人聊聊》裡提過：「我們找的對象總是自己沒完成的事。」其實我們不只在愛情裡與過去纏鬥，也常在許多關係裡與未竟之事相搏。從我們怎麼與老闆或其他有權勢的人應對，就能看出我們以前怎麼與尊長互動。從我們交往哪一類的朋友（體貼的、溫厚的、善變的或叛逆的），就能推測我們從早年建立的關係裡學到了什麼（例如我們會預期別人怎麼做，還有別人會期待我們怎麼做）。

我開始和夏綠蒂晤談之後〔2〕，她很快就顯露出她的關係模式（雖然方式不太一樣）。她不只一次對我提起，她會愛上的總是同一種「型」——得不到的那一型。說到「型」，大多數人指的是吸引力，有的人特別容易對某種外貌的人心動，有的人總是為某種個性的人傾心。不過，「型」的背後其實是一種熟悉感。我們常常看到父母暴躁的人找了脾氣不佳的伴侶，父母酗酒的人與貪杯之人為伴，父母畏縮或挑剔的人愛上畏縮或挑剔的人，這種情況並不是偶然。

他們為什麼會這樣對待自己？因為他們追求的其實是「家」的感覺，這股驅力讓他們成年後的渴求離不開幼年時的經驗。他們固然受過父母傷害，可是遇到和父母有同樣特質

《也許你該找人聊聊》共鳴選句

我們經常夢見自己的恐懼，而我們的恐懼很多。我們怕的是什麼？我們怕受傷。我們怕被羞辱。我們怕失敗，也怕成功。我們怕孤獨，也怕與人連結。我們怕聆聽內心的聲音。我們怕不快樂，也怕快樂過頭……

的人，還是不由自主地受到吸引。彼此剛認識的時候，他們可能根本沒意識到對方有這些特質，但潛意識的雷達系統比意識靈敏得多。他們想要的並不是再次受傷，而是掌控幼年時無力改變的某種處境。佛洛伊德稱這種心理為「強迫性重複」(repetition compulsion)，也就是他們在潛意識裡會這樣想：**和類型相同的另一個人交往，也許能讓我回到過去，治好很久以前的那道傷**。唯一的問題是：這樣做適得其反。與同一種類型的人為伴無異於撕開傷口，讓自己覺得更卑微、更不值得被愛。

這種行為模式是當事者完全察覺不到的。像夏綠蒂，雖然她總說她想要有心認真交往又可靠的男朋友，但每次遇到屬於她的「型」的人，她一定會把生活攪得一團混亂，弄得自己遍體鱗傷。反而是她有一次和一位不太一樣的男性約會，明明對方符合她以為自己在乎的很多條件，但她來諮商室時卻說：「太可惜了，但我們就是擦不出火花。」為什麼呢？因為夏綠蒂在潛意識裡不習慣交往對象情緒穩定，那種感覺她太過陌生。與其過得這樣彆扭，不如還是重複她最熟悉的模式，雖然那種模式讓她的愛情生活不斷重蹈覆轍——同一種人，名字不同，但結局永遠一樣。

我常說，你不必等別人講出他們的故事，因為他們一定會演出來讓你看。我們之所以要從留意自己的行為模式著手，原因正在於此。在接下來的練習裡，我們會試著釣出藏在身上神出鬼沒的行為模式。

模式隱於眼前

請在你覺得像你的敘述前打勾，沒有百分之百符合也沒關係。

——我對很多交往對象不忠。
——我的很多交往對象對我不忠。
——我覺得自己常常想「糾正」身邊的人。
——我很容易對一段關係感到厭倦。
——我傾向主動結束一段友誼。
——大家說我太寬宏大量了。
——我對喜歡的人總是一見鍾情。
——我和別人常常不歡而散。
——我經常隱藏情緒，憋在心裡。
——我常常和親近的人吵架。
——如果我覺得某件事不容易談，我會乾脆避而不談。
——大家說我是個難捉摸的人。
——我生命裡的人經常處於情緒疲勞狀態。
——大家說我待人處事「太過頭」。

《也許你該找人聊聊》共鳴選句

我認為世界上不需要再多一本談過度教養的書。早在兩百年前，哲人歌德就已簡潔俐落地用一句話總結：「太多家長太熱中於讓孩子過得輕鬆，結果是讓他們的人生困難重重。」

＿我很少去要我想要的。

＿我常常覺得嚴守計畫、立場或其他諾言很難。

＿我一再發生財務問題。

＿家裡的人把我當和事佬。

＿我曾因為花太多錢（或飲食過量、飲酒過量、運動過度）而惹來麻煩。

＿我對工作的投入經常影響家庭生活。

＿其他：＿＿＿＿＿＿＿＿＿＿。

＿其他：＿＿＿＿＿＿＿＿＿＿。

找出一些潛在模式之後，我們來看看它們如何影響你人生故事的情節。

請從你的人生故事裡挑一個有受到上述模式影響的。你在那則故事裡的角色是什麼？

＿＿＿＿＿＿＿＿＿＿＿＿＿＿＿＿＿＿＿＿

＿＿＿＿＿＿＿＿＿＿＿＿＿＿＿＿＿＿＿＿

你當時有什麼反應（先不管外部因素的影響）？

這個模式有沒有以某種方式幫助到你，或是讓你得到什麼？例如讓你獲得安全感，或是讓你再次確認你已經熟悉的某種故事？如果有，請進一步詳述。

在你重複這種行為模式時，你身邊的人有什麼反應？是放棄你？安撫你？要你負起責任？還是幫助你往好的方向改變？

這些行為模式為你的人際關係帶來什麼挑戰？對你的時間、財務或自我價值感造成什麼問題？

《也許你該找人聊聊》共鳴選句

我們很多自毀行為都源於情感空虛，而這片空虛總是召喚別的事物填補。

防衛機制的另一面

在我們的身體或心理感到痛苦或難受時，我們會自動設法立即停止那種感覺。在那些時候，我們的心會使出聰明的策略，盡快拉開我們和造成我們不舒服的東西的距離。這些策略叫**防衛機制**（defense mechanism），我們的大腦非常懂得如何施展。正如「防衛」一詞所透露出的意義，這些機制具有實用目的：它們可以保護我們免於傷害，直到我們不再需要它們為止。不過，防衛機制會以超乎我們預期的方式，形塑我們的故事。它們會把問題複雜化，讓我們難以分辨和連結故事裡的情緒。然而，即使是不愉快的情緒，如果我們能讓自己充分感受它，它也常常能提供有益的啟發。

包括我在內，《也許你該找人聊聊》裡的每一個人在面對難關時，都會以防衛機制加以應對。當我藏起男友不喜歡小孩的證據，把它們全部鎖進心裡的保險櫃，我用的是**區隔化**（compartmentalization）。當夏綠蒂不願承認自己酗酒，她用**否認**（denial）來淡化問題。當約翰不願面對傷痛的過往和感受，他使出的防衛機制是**逃避**（avoidance）。為了不再想起蓋比的死，約翰來諮商時一直避談這件傷心事——我也一樣：在我剛開始和溫德爾晤談的時候，我絕口不提我早該動工的那本「快樂書」。

每個人都會用防衛機制，但有趣的是，我們在用的當下都不會察覺。當老菸槍喘不過氣時堅持是因為天氣熱，而不是因為抽菸，他可能是在**否認**。當某人應徵失敗後，說自己本來就不是很想要那份工作，他也許是覺得丟臉，所以設法把這件事**合理化**（rationalization）。**反向作用**（reaction formation）是指以相反的方式表現自己無法接受的感受或衝動，例如有人明明不喜歡鄰居，卻努力和他們交朋友；也有福音派男性基督徒明明喜歡男人，卻激烈發表反同言論。

有人把防衛機制分成**原始的**（primitive）和**成熟的**（mature）。**昇華**（sublimation）屬於成熟的防衛機制，指的是把可能造成傷害的衝動變得破壞性較小（例如用練拳擊來化解暴力衝動），甚至轉為有建設性的作為（例如一個人原本老是想拿刀傷人，後來卻成了救人的外科醫生）。**轉移作用**（displacement）是以較安全的方式抒發情緒，它被視為中性的防衛機制，既不原始也不成熟。例如你被老闆罵了，但罵回去可能會被開除，所以隱忍不發，回家後才對伴侶或狗發脾氣。

請記住：在運用防衛機制的當下，我們不會意識到自己正這樣做。**以下是最常見的幾個防衛機制的定義**，請看看你能不能在自己身上認出它們。

《也許你該找人聊聊》共鳴選句

在面對面晤談時，心理師不只是聽病人說的話和觀察他們的動作。除了聽和看之外，還有一個較不具體、但同樣重要的線索——你們一起在諮商室裡營造的氣場。

	定義	例子
否認 Denial	拒絕接受現實，因為這樣做太痛苦或太難受	雖然你每個週末都宿醉，但你說那只是為了「應酬」，不承認自己有酗酒問題。
退化 Regression	退回較早、較幼稚的發展階段	與家人發生摩擦時，你拒絕與他們溝通，甩上房門，躲在裡面生悶氣。
逃避 Avoidance	拒絕處理令自己難受的情境	和兄弟姊妹吵架後，你整個星期都不接他們的電話。
投射 Projection	把自己的恐懼和不安全感推給另一個人	你自己脾氣不好，卻說你的伴侶動不動就生氣。
昇華 Sublimation	把社會無法接受的衝動重新導向有建設性之處	你和伴侶吵架，決定去健身房發洩情緒。
反向作用 Reaction Formation	行為表現與自己的感受相反	你受不了新同事，但每次在走廊遇到都表現得過度親切。
轉移作用 Displacement	用比較沒有威脅性的方式，抒發自己對人或物的不滿	你一整天在公司諸事不順，回家後拿家人出氣。
合理化 Rationalization	試圖淡化不如預期的行為或感受	你被人放鴿子，但你告訴自己沒什麼大不了的，反正那群人是「廢柴」。
理智化 Intellectualization	關閉情緒，以純理智的態度面對眼前的情況。簡言之，以思考逃避感受	與你很親的人去世了，但是你不讓自己悲傷，只專注於葬禮安排。
壓抑 Repression	將傷痛的記憶藏在潛意識裡	你從小家庭失和，但不太記得那段時間的事，長大後才發現自己不易與人建立關係。

檢視你的防衛機制

看過這些防衛機制的定義之後，請回想你上次出現強烈或難受的情緒是什麼時候。線索常常就在你的身體：

肩膀緊繃、沒來由的頭痛、坐立不安等等。也許是同事一早就寄了一封不客氣的電郵給你，整封都在指責你（差點）誤了期限。也許是你早上才和家人拌嘴，下午又和朋友吵了一架。也許是你上社群媒體閒逛，卻發現某個朋友拿到你夢寐以求的職位、某個熟人買了一間漂亮的房子，或是你交往過的對象剛剛訂婚。

不論你想進一步檢視哪一件事，都請記得：每個人都受過防衛機制之害，它是人類面對難受的情緒時的自然反應。現在，請先試著辨識它和標記它，像我在書中看待病人的防衛機制時一樣。我們接下來還會朝這個方向做更多練習。

■ 情境＃1

《也許你該找人聊聊》共鳴選句

家庭系統裡只要有人開始改變——即使是朝健康、正面的方向改變——系統裡的其他成員往往會盡一切努力維護原狀，恢復恆定狀態。當酗酒的人開始戒酒，其他家人常常會在不知不覺間破壞他的復原。

你的感受：

你的反應／防衛機制：

■ 情境＃2

你的感受：

你的反應／防衛機制：

■ 情境＃3

《也許你該找人聊聊》共鳴選句

感受引導行為。人一旦了解自己的感受，就能選擇是否要跟隨它們。但要是它們一出現我們就急著推開，我們很可能會走到錯的方向，最後再次迷失在混亂裡。

你的感受：

你的反應／防衛機制：

○ 夢只不過是夢？

夢雖然看似神祕，卻有無盡的美，因為它們常握有解開模式的鑰匙，能讓我們對自己的心靈有更多體悟。我覺得夢也許是坦誠道出一切的前兆，是和盤托出自己的故事之前的準備。埋在內心深處的東西開始浮上檯面，但尚未露出全貌。

也許你記得約翰一再夢見他小時候就過世的媽媽，即使他不想再做那個夢也沒有辦法。這是有原因的：夢就像夜裡出沒的信使，傳遞我們清醒時無法處理的重要資訊。夢揭露其真相和智慧的過程是緩慢的：有位女病人夢見自己躺在床上摟著室友，她原本以為那代表她們姊妹情深，後來才發現自己受到女性吸引。另一位男病人則是不斷夢到自己超速被抓，做這個夢一年之後，他開始認為這也許代表自己難逃法網，另一件讓自己凌駕於法律之上的事——他逃了幾十年稅——恐怕就要東窗事發。

並不令人意外的是，我們經常夢見自己的恐懼。人有許多恐懼，但我們怕的是什麼呢？我們怕受傷；我們怕遭到羞辱；我們怕失敗，也怕成功；我們怕孤獨，也怕建立關係；我們怕傾聽內心的聲音；我們怕失意，也怕自己太過得意（在這種夢裡，我們總是因為快樂而受到懲罰）；我們怕得不到父母的認可，也怕接受自己真正的樣子；我們怕失去健康，也怕運氣太好；我們怕自己嫉妒別人，也怕自己擁有太多；我們怕渴求自己也許得不到的事物；我們怕改變，也怕沒有改變；我們怕孩子出事，也怕工作出事；我們怕失去主導權，也怕自己的力量；我們怕好死，也怕賴活；我們怕死後再也無足輕重，也怕為自己的生命負起責任。

承認恐懼有時候需要時間，對自己承認恐懼尤其如此。這也許就是夢能幫助我們的地方。

《也許你該找人聊聊》共鳴選句

文化壓力對女性的要求是言行得體，對男性的要求則是情感得體。男病人面對的問題跟女病人差不多，可是他們很難用有意義的方式跟男性朋友談這些話題。

夢日記

完整想起一場夢有點像捕捉夏日微風，並不容易。但我發現寫夢日記很有幫助。夢日記只是回想的工具，我們稍後會討論它的意義。

這本書的後面有夢日記的格式，但另外準備一本筆記本來寫也很不錯。

請把夢日記放在床頭，一睜眼就把夢寫下來——真的要一睜眼就寫。在你的心被意識掌管、讓你忘記夢的內容之前，趕快把你記得的一切寫下來。請用現在式記錄你的夢，不要用過去式。不要寫「我走了出去，看到他」，要寫得像是正在發生一樣：「我走出去見他」。用現在式能讓夢變得更鮮明、更真實，也更好回想。信筆寫下你記得的東西，不要拘束，不要潤飾——也不要修改。

累積幾天或幾週的夢日記之後，就可以開始思索夢的意義。

有沒有哪個夢讓你特別有感觸？

這個夢給你的感覺是意義深重？奇怪？恐怖？還是訝異？

你有反覆出現的夢或主題嗎？

夢裡有沒有什麼埋藏的東西試著浮上檯面？例如恐懼？欲望？或渴求？它們快破繭而出了嗎？有沒有什麼掙扎或衝突自動以某種方式呈現出來？

《也許你該找人聊聊》共鳴選句

怒氣沖沖責怪別人可以讓人自感優越。然而憤怒常常是冰山一角，只要看透表層，你會發現還有很多感受浸在水裡：恐懼、無助、嫉妒、寂寞、不安全感等等。

○ 好奇補給站

開始接受心理治療時，很多人對別人比對自己更感好奇：**為什麼我老公會這樣？為什麼我姊就是不相信我？**在晤談過程中，我們會一路播下好奇的種子，因為心理治療幫不了對自己不好奇的人。對很多人來說，培養好奇心需要一點練習。我常常在諮詢時問病人：為什麼我對你好像比你對自己還好奇？這往往能推他們一把，讓他們拋出一連串問題。

有一種練習你可以自己做，而且相當有幫助：正念，專心覺察當下的身體感知、聲音和思緒，不加評判，唯獨保持好奇。只要你能擠出時間與自己靜靜共處，你就能察覺流過意識的一切，不論那是聲音、氣味、念頭或感受。如果你能停下來，闔上眼，專注呼吸，你或許會發現自己的心正飄向購物清單，或是被浴室的滴水聲吸引過去。不要對這些念頭做任何價值判斷，只要留意你發現了什麼，還有你開始對什麼產生好奇。

正念可以變成極為有用的工具，因為你只要開始好奇，自然會變得更加開放。如果你和朋友談得不歡而散之後回家靜坐，而且真的能用好奇的態度觀察自己的想法——**我當時為什麼會那樣講？我那樣講的時候，她有什麼感受？**——你會更能卸下心防，讓這件事過去。事實上，你可能還會開始看見一些模式。我們的大腦傾向以同樣的方式說故事，在我們面臨壓力或感到不快時尤其如此。然而，在神經系統高度戒備的時候，我們經常不會發現自己的主張、辯解和怨言都是一樣的，只是像旋轉木馬一樣不斷繞圈子而已。我們若能停下來觀察自己的想法和情緒，把它們當成值得追蹤的線索，而非必須抵擋的威脅，我們對自己的故事一定能看得更全面。

如果你想增進觀察模式的技巧，培養覺察力會很有幫助。只要不處於心理師所說的「激發狀態」(aroused state)，就是培養覺察力的好時機。不過，即使在心情平靜時練習正念，你還是會看到大量雜念圍繞特定主題而起。比方說你一早起來就靜坐，想趁一整天還沒開始之前練習正念。雖然此時一片寧靜，你可能還是會發現不少與工作有關的雜念。它們一個又一個冒出來，像是越來越長的待辦事項——**對了，我要回信給馬克**；然後你回到呼吸，接著——**啊！我忘了改週四午餐會的時間**；你再次回到呼吸，然後——**我在想什麼啊？那個計畫週五絕對做不完！**你會這樣一次又一次地分心、專心、再分心。佛教說心像猴子一樣，不是沒有理由的——我們就是會不斷湧出雜念，想停也停不了多久。不過，你越是練習停止雜念，就越容易做到，也越有辦法認出模式。對模式感到好奇，有助於我們專注於最迫切、最難受、或是最令人興奮的事。

接下來的練習請為自己定時三分鐘，閉上眼睛，把注意力放在呼吸上。要是你心裡群猴亂舞，請靜靜觀察它們，然後再回到呼吸。這樣的過程會一再、一再發生。每次你留意心裡的念頭或身體的感覺，可能都會發現新的東西，或是你已經熟悉的東西，但不論是新

《也許你該找人聊聊》共鳴選句

平靜不代表沒噪音、沒困擾、沒難題，而是指身處這些干擾之中，心依然安寧。我們能幫助病人找到平靜，只不過這種平靜可能跟他們尋求治療時希望得到的不一樣。

的東西還是你已經熟悉的東西，都一樣重要。為了讓你保持好奇、擱下評判，你可以從下列問題中挑幾個問自己：我現在注意的是身體的哪個部分？那裡感覺如何？是麻？是痛？還是熱？我剛剛的念頭感覺很可怕，它勾起的下一個念頭是什麼？我以前有過這種念頭嗎？在我出現這種念頭的時候，我覺得身體的哪個地方出現不一樣的感覺？

你注意到什麼？

哪些念頭反覆出現？你有沒有發現任何主題？

○主題與模式的根源

到了這裡，你已經看見生命中的一些主題與模式，也許其中有些你已發現一陣子，另一些是你剛剛注意到的。現在，我們要進一步思索是哪些因素促成它們，又是哪些因素讓它們繼續存在。不論這些主題與模式對你有沒有幫助，有一件事是確定的：它們一定在為**某個**目的服務，否則它們根本不會出現。夏綠蒂之所以老是愛上特定類型的人，是因為她在潛意識裡想用這種模式修復童年創傷。茱莉之所以總是依照計畫按表操課，是因為這比傾聽內在渴望更能讓她感到人生操之在我。麗塔之所以不斷為過去犯的錯懲罰自己，是因為這種模式讓她有安全感──只要不讓任何人進入她的人生，她就不會再次受傷。約翰之所以一直貶低別人，是因為這種模式能讓他逃避喪子之痛。

雖然許多模式根植於過往，但它們還是可以被我們現在的覺察和處境改變。雖然我們可以放任不管，舒舒服服地重複同一種模式十年、甚至二十年，但它終究會有不再奏效的一天。我們在前一章提過：茱莉在診斷出癌症之前，從沒想過去喬氏超市打工。如果職涯和興趣之間需要取捨，她的模式一直是打安全牌，照既定規劃走。這種模式不但為她的學術生涯打好穩固基礎，也讓她年紀輕輕就拿到終身教職。拜這種模式之賜，她的大半人生春風得意。然而癌症一出現，這種模式就不再適用。

《也許你該找人聊聊》共鳴選句

心理師做的不是人格移植，而是幫你修磨稜角。病人在心理治療後可能情緒反應不再那麼激烈，態度不再那麼苛刻，心境更開放，也更能接納別人。換句話說，心理治療是認識真正的自己。

茱莉以細心計畫為人生建立的安全堡壘，就這樣土崩瓦解。在罹患癌症之前，茱莉的人生故事的主題是主導權，然而，即使我們能操之在己的常常比想像中少，但世上還是沒有比生病更身不由己的事。我們不願去想的是：不論是人生或醫療，有時候你什麼也沒做錯，但就是抽到下下籤。為了面對新的現實，茱莉建立起新的模式——更重視自由而非安全感。她不想聽「專門弄癌症的人」加油打氣，拒絕用老掉牙的方式談自己的病情，排斥忸忸怩怩地談論死亡，也厭倦再聽陳腐做作的安慰之詞（例如「一切都是神的安排」）。茱莉或許抽到了下下籤，但她隨即明白，她現在唯一能掌控的，就是如何面對這支下下籤——她決定要用自己的方式，而不是別人說她應該用的方式。

模式和主題就像我們的人生故事一樣，永遠可以修訂。我們有時也會遇到和茱莉一樣的情況：明明昨天還屢試不爽的模式，到了今天就不再適用。但更常見的是，想剷除不再合宜的處世方式，我們必須付出更積極的行動。我們接下來會看到：對自己的模式有所覺察，有助於了解促成自己想法和行動的原因。

你的依附類型是哪一種？

我們身上最重要的一些模式，可以上溯到小時候與照顧者的互動。一九五〇年代發展的依附理論（attachment theory）指出：我們與人的互動模式從嬰兒時期就開始萌芽，並在幼年建立的人際關係中逐漸成形。研究在在顯示：人對愛與連結的需求不下於需要食物。依附類型之所以重要，是因為它們也會在成年後的關係中浮現。一個人會選擇哪一種伴侶（穩定的或不穩定的）、在關係中如何表現（依賴、冷淡或喜怒無常），還有通常如何與人結束關係（難分難捨、好聚好散或反目成仇），都受到依附類型影響。

我們年幼時與照顧者培養的依附類型主要有四種。如果主要照顧者慈祥和藹、樂於鼓勵，又有責任感，小孩子將能發展出**安全型依附**（secure attachment）。父母不在身邊時，他們雖然一開始會不高興，但很快就能平復情緒，繼續安心探索世界，因為他們知道父母一定會回來。這樣的孩子也知道：即使自己偶爾會使父母頭痛，但父母還是支持他們、愛他們。成年以後，安全型依附的人會尋求同樣安全的關係。在這樣的關係裡，他們既能讓自己的需求得到滿足，也能滿足和尊重伴侶的需求。

茱莉是安全型依附的好例子。這種特質不僅反映在她與馬特的愛與扶持裡，也反映在她與家人的相處之中。舉例來說：茱莉讀大學的時候，媽媽對她的交往對象不太放心，甚至建議她去學校諮商中心找人談談。但茱莉當時還沒準備好面對這段關係的問題，拒絕了媽媽的建議。幾個月後，那個男生甩了她，茱莉的媽媽完全沒說「我早就講了」之類的風涼話，只在電話那頭默默聽女兒哭訴。即使在與媽媽意見相左的時候，茱莉對媽媽還是有安全感。雖然後來的發展果然如媽媽所料，茱莉還是想打電話向她尋求安慰。

《也許你該找人聊聊》共鳴選句

愛因斯坦說過：「沒有哪個問題能由製造它的同一意識層次解決。」我一直覺得這句話很有道理，可是我跟大多數人一樣，也以為只要一而再、再而三地想自己是怎麼掉進問題的，就能想出解套辦法。

如果父母長期忽視、低估或拒絕孩子的需求，孩子可能發展為**逃避型依附**（avoidant attachment）。父母對他們的不安冷漠以對，沒有給予足夠的情感關懷，於是他們變成一切靠自己的獨行俠。父母怎麼回應他們的需求，他們就怎麼回應別人的需求——視而不見，充耳不聞。逃避型依附的成人常常與人疏遠，認為各人的事各人擔。麗塔明顯是這類型。她從小寂寞，總是覺得父母對她愛理不理，她的需要從來沒被充分滿足。等到她自己有了小孩，她甚至有點嫉妒他們——因為他們有兄弟姊妹和正值壯年的父母。這種感受也讓她更難體會和滿足孩子的需求。

當父母或照顧者對孩子時而熱情、時而冷淡、時而關心、時而漠視、時而親近、時而疏離，孩子可能發展為**矛盾型依附**（ambivalent attachment）。夏綠蒂小時候與父母的關係就是如此：她的媽媽不時憂鬱症發作，爸爸則是經常不見人影，於是她始終無法擺脫不穩定感。這種類型的孩子在父母不在時會極為不安，因為他們不知道爸媽會不會回來。就算爸媽回到身邊，他們也不確定自己的需求能不能得到滿足、爸媽會不會再度消失。成年後，矛盾型依附的人常為人際關係感到焦慮，既煩惱關係能否維持，也擔心自己遭到拋棄。由於太害怕被棄而不顧，他們需要不斷得到承諾才會有安全感。他們也常緊迫盯人，令伴侶和朋友感到窒息。問題是承諾是短效的，不論得到多少承諾，也不論得到承諾的當下多麼安心，它的效果都維持不了多久。

最後是**紊亂型依附**（disorganized attachment），當照顧者回應孩子情緒需求的方式忽冷忽熱又不可預測，而且經常表現出敵對、粗暴和威脅的態度，孩子就可能發展為這種依附類型。處在這種照顧環境的孩子十分弱勢，卻又無路可走，因為他們的恐懼之源就是他們賴以生存的人。這種依附類型的人成年之後，往往會重新複製這種不良的互動模式，讓他們的人際關係風波不斷，難以長久維繫。他們既渴求健康情緒關係的安全感，又害怕受傷或遭到拒絕，於是他們屢屢破壞建立好的關係。這種模式讓他們愈發認定不可信任別人，猶如自我應驗的預言。

請閱讀下列陳述，把你覺得與自己類似的打勾。看看你在人際關係中是什麼類型。

1. 我怕我的伴侶會離開我，和別人在一起。
2. 我不喜歡與人走得太近，或是讓關係進入下一個層次。
3. 我想和人建立更親密的關係，但總覺得他們只是想占我便宜。
4. 我擔心別人更了解我之後會不喜歡我。
5. 如果我發現伴侶在看別人，我可能會吃醋一下子，但不會為此心煩多久。
6. 在人際關係中，我常常覺得被辜負。
7. 我不是會製造風波的人。

《也許你該找人聊聊》共鳴選句

我們有時會以自我懲罰的敘事禁錮自己。當我們可以從兩套敘事中選擇一套相信（例如「我值得被愛」和「我不值得被愛」），而兩套都有證據支持，我們往往會選擇讓自己感覺不好的那個。

＿＿＿ 8. 我很容易無緣無故對伴侶生氣。
＿＿＿ 9. 我經常煩惱我有沒有吸引力。
＿＿＿ 10. 我能安心地和親近的人說心事。
＿＿＿ 11. 我對自己的人際關係很滿意。
＿＿＿ 12. 我的人際關係往往混亂而短暫。
＿＿＿ 13. 我討厭別人依賴我。
＿＿＿ 14. 與其和同一個人發展穩定的性關係，我比較喜歡一夜情。
＿＿＿ 15. 我很容易一下子就愛上某個人，而且經常如此。
＿＿＿ 16. 如果我的伴侶開始「怪怪的」，我會覺得是我做錯了什麼事。
＿＿＿ 17. 我很容易分手之後又復合。
＿＿＿ 18. 我不會因為一次爭執或分歧，就懷疑彼此關係的韌性。
＿＿＿ 19. 發生人際衝突時，我往往開始放空。
＿＿＿ 20. 我的情緒起伏很大。

每個打勾的項目得一分，請加總以下分類你各得幾分，看看自己可能是哪一種依附類型：

安全型：5、7、10、11、18總分：___分

矛盾型：2、8、13、14、17總分：___分

逃避型：1、4、9、15、16總分：___分

紊亂型：3、6、12、19、20總分：___分

大致上來說，分數最高的那個反映的是你的整體依附類型。也許你的分數正如你所料，而且可以解釋你在這一章裡發現的一些模式。不過，這些分數就像生命中大多數事物一樣，並不是非黑即白的。它們只能讓你看到你似乎比較接近某個依附類型的特徵，並不代表你百分之百就是那個類型。你很有可能兼具幾個不同類型的特徵。無論如何，重要的是要記住：你的依附類型會影響你的人生，所以越了解它越好。

好消息是，成年以後還是可以修改不安全的依附類型（逃避型、矛盾型和紊亂型）——事實上，心理治療的很多工作都是為了這個任務。對逃避型依附的人，重點通常是讓他們更留意身邊那些健康依附類型的人，以後者為效法的目標，學習他們如何發現和照顧自己的需求，了解健康的關係應該是什麼樣子。在此同時，也慢慢練習表達自己的脆弱，因為能表達脆弱才能建立真正的親密關係。對矛盾型依附的人，重點是讓他們學會活在當下，用心在此時此刻的人際關係品質，不困於恐懼未來，也不試圖以操弄現在來控制未來。

《也許你該找人聊聊》共鳴選句

生命中的關係不會真正結束，即使你再也見不到那個人。……他們時常讓你看見你如何與自己和他人互動，有時候是你在心中與他們對話，有時候是他們在你夢裡對你說話。

對紊亂型依附的人，重點是處理尚未化解的恐懼，以及培養包容強烈情緒的技巧（因為他們通常會把情緒投射在別人身上，希望能藉此擺脫它們）。

找出行為模式的原因

人之所以會不斷重複某些行為模式，常常是因為他們想保護自己，以免再次承受曾經受過的失望或失去之苦。在《也許你該找人聊聊》裡，我們看到恐懼親密的人破壞關係，也看到恐懼失敗的人迴避築夢。拿麗塔來說，不論是失去感受喜悅的能力，或是牢牢抓住過去的負面經驗，其實都是她的防衛機制。她以為只要躲進自己的痛苦之殼，就能安安全全地阻隔可能讓她再次受傷的世界，什麼也不必面對。由於她已經上了年紀，會以這種方式處理人生故事裡的繁雜情節，其實是可以理解的——然而，她還是在遲暮之年陷入困境。她必須看出痛苦如何讓她有所獲得，才能改掉她行之有年的行為模式。

不論你在這一章裡發現自己有什麼模式，以下練習都有助於你找出原因，看見自己為什麼一再重複同樣的行為。也請趁著這個機會仔細想想：我到底從這些行為模式或想法中得到了什麼？（不論得到的是好還是壞。）

請思考你發現的某一種模式：這種模式會讓你做出哪些典型反應？產生哪些情緒？讓你身體的哪個部位產生不一樣的感覺？

在你發現自己再次出現同樣的行為模式時，請問自己：現在這種情況有沒有什麼地方似曾相識？以前什麼時候也像現在這個樣子？以前什麼時候也出現過這種感覺？那個時候是和誰出了問題？當時的情況是什麼？

《也許你該找人聊聊》共鳴選句

心理師通常會超前病人幾步，不是因為我們比較聰明或比較有智慧，而是因為旁觀者清。

找到埋藏在過去和現在的行為底下這種熟悉的感覺之後，請思考你以前為什麼會做出這些行為。就算這些行為現在對你已不再管用，它們過去可能有助於你處理某些情境。

舉例：我小時候總避著我媽，因為她喜怒無常，經常沒來由地對我發脾氣，避開她就不必當她的出氣筒。

這種模式曾經讓你得到什麼？又曾經保護你免於什麼？

現在，請把過去的自己和現在的自己分開，審視這些行為現在是否仍能讓你得到同樣的東西。它們仍在保護你嗎？還是讓你停滯不前？

舉例：長大後，我還是與人保持距離，避免親近，但這讓我寂寞不已。

《也許你該找人聊聊》共鳴選句

心理師總是在培養信任和碰觸問題之間權衡，讓病人不致一直受苦。我們從一開始就既緩而急，慢慢釋放內容，加速建立關係，沿途隨策略播下種子。

第三張快照

現在你的內心狀態是什麼樣子？進一步思考自己的模式，感覺如何？你注意到哪些感受？是鬆了一口氣？是興奮？還是好奇？

第三次反思

我們下一章會回顧人生裡的人際連結，看看我們從哪裡得到了什麼，以及哪裡還有成長的空間。不過，在進入下一步之前，請先用以下空白寫下心得，記錄你在發掘主題與模式的過程中，得到什麼啟發和領悟。哪些發現令你驚訝？哪些發現為你現在待人處事的方式提供了解釋？你在自己目前的人際關係中看出哪些行為模式？在這些模式裡，哪些是你想改掉的？哪些行為模式直到現在還是有效？請在這裡寫下你的想法。

《也許你該找人聊聊》共鳴選句

如果能在對的時間播種，種子就能充分吸收營養，生長茁壯，果實纍纍。我們（心理師）的工作是錯綜複雜的舞，在支持與刺激之間往返周旋。

Maybe You Should Talk to Someone: The Workbook
A Toolkit for Editing Your Story and Changing Your Life

註釋

1 編按：莎曼珊的故事從《也許你該找人聊聊》第一三九頁開始。

2 編按：夏綠蒂的故事從《也許你該找人聊聊》第二二〇頁開始。

《也許你該找人聊聊》共鳴選句

跟著嫉妒走，它會讓你看見你渴求的東西。

CHAPTER 4

從人際連結裡找線索
——以換位思考認識自己
Connecting the Dots on Connection: Getting Closer to Ourselves by Getting Close to Others

人是在與他人的連結裡成長的。
每一個人都必須聽進別人對著你說：我相信你。
我看得見你可能還沒看見的可能性。
我認為不一樣的事會以某種形式出現。

——《也許你該找人聊聊》

我剛開始當心理師的時候，如果有人問我：大家多半是為了什麼事來找你？我應該會說：他們多半是想減輕焦慮或憂鬱，或是化解人際關係問題。雖然每個人的情況都不一樣，他們的共同點似乎都是寂寞——渴求穩固的人際連結，但偏偏得不到。雖然他們很少這樣表達，但我對他們的人生知道得越多，就越能感覺得出來。這並不令人意外。畢竟，從人類出現在地球開始，為了生存和茁壯，我們必須相互依賴。也許有人會問：既然現在不必像古代那樣為生存而肉搏，我們還需要像以前一樣依賴彼此嗎？答案是：是的，我們需要。

其實你可能已經發現了：在寫下和反思自己的故事和模式的時候，雖然主角是你，但故事裡很少只有你一個人。在前一章裡，我們討論的是深究關係模式的重要性（亦即：我們如何對待和回應周遭的人），在這一章中，我們要深究的是自己對關係所說的整個故事。

探究人我之間的連結如何影響我們的敘事，能為深入了解我們的渴求與傷痛提供重要線索，也能幫助我們看清自己對未來的期盼。《也許你該找人聊聊》裡的夏綠蒂和很多人一樣，在渴望親密關係的同時也逃避親密關係；麗塔和約翰以拒人於千里之外來保護自己；茱莉則是不斷嘗試與周遭的人保持連結，雖然她的病時常讓她感到孤獨。不論是夏綠蒂、麗塔、約翰還是茱莉，都能透過為新的連結開啟可能性，或是設法強化已經存在的連結，來增加自己成長和改變的機會。當你渴望與人建立更強韌的關係，你會更有動力與自

《也許你該找人聊聊》共鳴選句

雖然自殺念頭在憂鬱症裡很常見，但大多數人經過治療可以緩和，不會將這股絕望的衝動付諸行動。事實上，自殺風險是在病人開始好轉時提高。

己培養更良好的關係。麗塔在探索自己與米隆的關係時，找到認真看待自己的憂鬱症和尋求協助的理由。對夏綠蒂和約翰來說，在晤談時讓自己偶爾淺嘗親密的滋味，有助於他們更勇於在人生其他領域敞開心房。

所以，我們現在來仔細看看你周遭的人。連結是人始終不變的渴望，我們接下來會透過審視人的這項需求，來思考如何強化你的人我關係。這一章的主旨是學習**換位思考**（perspective taking）的藝術，讓我們能跨出不可靠的敘事者的角色，用其他人的視角重看自己的故事，以便在故事中拓展出更多的彈性。我們還會學習**聆聽**的真義，並思索如何調整自己的步法，與伴侶、朋友及家人和諧共舞。

發現人際連結中的彈性

經過前面的練習，我們已經看到：找出故事中的彈性是改寫它們的第一步。我們的敘事之所以僵化，往往是因為我們無法採用新的視角，從而難以看出實情或許有另一個面向、另一種可能。決定接受心理治療之後，人們常常帶著某個執念進諮商室（那個執念可能是針對某件事、某個情境，或關係中的某場衝突），例如：約翰的執念是「白痴滿天下」；麗塔的執念是她活該受苦；如果是伴侶諮商，常常是其中一方堅決認為都是另一方的錯，要不是對方頑冥不靈，他們根本不必來找我。這些敘事沒有多少調整餘地，他們堅持己見，不斷拋出支持自身說法的證據，而且往往強烈預設另一方懷有特定意圖或動機。人有時候就是不願接受另一種觀點，我的病人貝卡就是這樣，她還沒準備好深究自己的故事。這樣的病人改變的機會微乎其微，因為他們關上了發展別的情節的可能性。

如果你願意改變，換位思考將是你撼動故事的絕佳工具。「換位思考」聽起來不難——不就是「站在別人的立場想想看」嗎？但你如果試過，一定知道沒有那麼簡單。好消息是：一旦你學會這種強而有力的心態轉換方式，你會發現它不但有助於改善人際和職場關係，也能讓你更加留意自己的故事遺漏的面向，不再被它引入歧途。

故事都有兩面

直面人際衝突和設法看出同一個故事的另一種版本，是心理治療常見的挑戰。人際衝突不只出現在職場，也發生在朋友、家人和情人之間。我們只要與人連結，就很難完全避免「我對你錯」的思考模式，但我們一定有辦法看見故事的另一面。我想到的是茱莉的例子：有一次，她和丈夫馬特為癌症治療的事起了衝突。但茱莉設法改變自己的視角，好讓自己更加了解馬特對這件事的感受。

發生摩擦那晚，茱莉想和馬特商量事情，但馬特正在看電視，只哼哼哈哈敷衍她，

《也許你該找人聊聊》共鳴選句

人談起自殺往往不是因為想死，而是因為想結束痛苦。只要他們能找到結束痛苦的辦法，他們很可能願意繼續活著。

假裝有聽。茱莉當然不高興：「欸，你看一下我在網路上找到的這個，也許可以跟醫生問看看。」馬特說：「今天先不要，我明天再看。」茱莉說：「可是這很重要，我們時間不多了。」馬特終於轉頭看她，但眼裡有她從沒見過的憤怒，他大吼：「我們一天不談癌症都不行嗎？」馬特向來溫柔，也一直堅定扶持茱莉，這是他第一次露出不一樣的態度。茱莉嚇了一跳，但也馬上回嘴：「我沒有一天離得開癌症！」她說：「要是能一天不管癌症，你知道我願意拿多少東西去換？」她跑回房間，關上門。沒過多久，馬特來為發脾氣道歉。「我覺得壓力很大，」他說，「對我來說，這整件事壓力很大，但無論如何不會大過你的壓力。很抱歉，我太沒神經。」

在此之前，茱莉一直避談她得癌症對馬特有何影響。每次我提到這件事對馬特來說或許也很難熬，她總是轉移話題。但當她不得不去聽馬特的心聲，她才發現馬特的感受和她的密不可分。在這條困難重重的路上，他們既是比肩同行，也須各自努力。從這個角度重看這趟傷心旅程後，她也發現了自己的故事的另一個面向——她嫉妒馬特仍有未來，為自己時日無多忿忿不平；在此同時，她也同情馬特的苦。面對故事的這個部分的確不易，但這也讓她更能看見馬特的人性面。我相信在剩下的日子，這能讓他們更深刻地同理彼此。

尋找新視角的方式很多，回想已經發生的事常常是最簡單的一種（茱莉用的就是這種），但我希望你最後能學會同步換位思考。在情緒激動時抽離自己有一個很大的好處：

它可以幫助你慢下來。感受帶來行動，如果我們陷在自己的故事裡任情緒帶著走，很可能會做出或說出令自己後悔的事。如果能暫停一下，換另一個角度看同一件事，比較可能讓你**有意識地**選擇自己真正期待的方向。

找到新視角能打開你的視野，讓你看見從沒想過的面向，從而對眼前的情況更能保持彈性——啊！我們大概是因為**這點**才僵在這裡，關係毫無改善。或者——喔，原來事情會變成這樣**我也有份**。新的視角也能讓你發現別人怎麼看你——難怪他們會**那樣**想，雖然我根本沒有那個意思。

換位思考的方式很多，以下的練習可能是最直接的。請把它運用在困擾你的情境、令你不快的對話、讓你感到被藐視的衝突，或者單純用它來更了解別人。

請用幾句話簡述**你**怎麼看這件事？

《也許你該找人聊聊》共鳴選句

我們大多數人其實沒有意識到自己怎麼利用時間，或是一整天裡做了什麼，直到把一天一小時一小時拆開，並大聲講出來。

現在，請換一個角度陳述這件事。用對方的角度來說，從他們的視角解釋立場。你不必同意或欣賞他們的說法，只要設法揣摩他們的心境。想像他們來到我的諮商室——這件事從他們口中說出來，會是什麼樣子？他們會告訴我你對他們誤會多深？請用第一人稱「我」來寫，彷彿是他們在寫一樣。

角色扮演

我們經常不自覺地把自己或別人套入某種角色——冷漠的父親、頑固的伴侶、不夠意思的朋友、高高在上的醫生——這並非明智之舉。我們喜歡為人或情境貼上標籤，雖然這是人類編寫故事之不得不然，但這種作法是有問題的。將自己或別人套入特定角色會窄化你的視野，使你無法看清全貌。可是，人天生傾向把新的資訊當成支持既定信念的證據，這種本能像打嗝一樣難以控制。在心理學裡，這叫**確認偏誤**（confirmation bias）。如果你開始告訴自己你嫂嫂很自私，你馬上會從這個角度解讀她所做的一切，於是你對她越看越不順眼，也越來越難用比較寬容的眼光看待她。在細看自己怎麼訴說自己和他人的故事時，我們得十分留意這種傾向。藉由思索各種標籤對你的意義、以及它們可能排除什麼意義，你將能收集到更準確的資訊。

夏綠蒂是個好例子。她來諮商沒多久就給我套了一個角色——能幹的媽媽。雖然她知道我不會告訴她什麼事該做、什麼事不該做，她還是每個星期都帶著她舉棋不定的事來找我，想從我這裡得到答案——「雖然我老闆會很火，但我是不是該飛去參加葬禮？」、「我以後是不是該把駕照留在車上，擺在雜物箱？」我不會正面回答，而會試著引導她對話，幫助她釐清**自己**想要的是什麼，而不是兩手一攤，要我為她選擇。

了解夏綠蒂為我選擇了什麼角色很重要，因為那反映出舊的故事如何影響她的現在。

《也許你該找人聊聊》共鳴選句

說話會讓人停在大腦層次，安安穩穩閃躲情緒。沉默則像清垃圾，當你停止徒勞無益地拋話、拋話、再拋話，重要的東西會浮上表面。

她之所以給我套上「能幹的媽媽」的角色，是因為她仍在追求成長過程中缺少的東西。那段「狗媽媽」的廣告之所以讓她落淚，也是因為她太想擁有慈愛而可靠的「正常」父母，太想體會她未曾有過的被關愛的感覺。可是問題也出在這裡：為了讓我扮演能幹的角色，夏綠蒂相信自己必須扮演無助的角色，只讓我看見她的問題——用溫德爾的話來說，「用她的可憐引誘我」。病人提到正面的東西時經常會這樣做，目的是提醒心理師別忘了他們仍在受苦。夏綠蒂也會遇到好事，但她很少告訴我，我知道時往往不是事情有了變化，就是已經過了好幾個月。

審視我們讓自己和別人扮演什麼角色，可以一窺自己對別人、甚至對自己隱藏的視角。由於角色各有特徵，透過審視角色，我們可以開始看見自己的行為與我們給自己的角色的關係。拿夏綠蒂來說，扮演無助的孩子讓她不必為自己的選擇負責，也不必學著相信自己。除此之外，這些角色標籤也影響你怎麼訴說別人的故事，還有你怎麼看待他們與你的關係。夏綠蒂讓我扮演關係中能幹的一方，其實有點太看得起我了——畢竟，心理師也有出錯的時候！無論如何，我的重點是：留意你怎麼看待自己和別人。你的視角可能透露出**你的**故事的另一個層面，以及你的人際故事的另一個面向。

包括主角在內，你怎麼安排你的人生故事裡的角色？我們每一個人都有很多角色，我們也會對不同的人展露出不同的面向。在職場、烤肉會和家族聚會上，我們扮演的可能是完全不一樣的角色。請透過以下練習探索你的各種角色，看看哪些地方和你原本以為的不一樣。

你最常扮演的五個角色是什麼？想想各種場合裡的你——社區裡的你、職場上的你、家中的你、和朋友或家人在一起的你——看看自己扮演的是什麼角色。接著，請寫下扮演這些角色令你開心的地方，以及令你不自在的地方。

角色一：

角色二：

《也許你該找人聊聊》共鳴選句

我們口中的「型」指的多半是吸引力，可能是外貌上的「型」，也可能是個性上的「型」。可是，讓我們傾心的「型」的背後其實是熟悉感。

角色四：

角色三：

Maybe You Should Talk to Someone: The Workbook
A Toolkit for Editing Your Story and Changing Your Life

角色五：

我們現在換個視角。想一想你希望強化哪段關係（不論是你和兄弟姊妹、成年子女或某個朋友的關係都可以）。處得不好的時候（也許每天都是如此），你在心裡給他們套上什麼角色？你把哪些行為和你讓他們扮演的角色連結在一起？你認為這種作法如何妨礙了你們改善關係？請仔細想想他們的特質和你與他們的互動，有沒有哪些地方和你給他們套上的角色不一樣？

名字：＿＿＿＿＿＿　角色：＿＿＿＿＿＿

《也許你該找人聊聊》共鳴選句

心理師泰瑞・瑞爾說過：長年積習是「我們內化的原生家庭」，而這內化的原生家庭是「我們人際關係主題的曲目」。你不是非靠別人講出自己的故事才能了解他們，因為他們一定會把自己的故事演給你看。

跟著羨慕走

茱莉得知自己的癌症預後不佳之後，有好幾個星期陷入來日無多的鬱悶。但有一天，她在喬氏超市等結帳時突然被收銀員的神態迷住——他們似乎很懂得做自己，與顧客和同事都互動得非常自然，能隨口聊一些看似瑣碎、實則重要的生活小事（食物、交通、天氣等等）。茱莉不禁心想這和她的工作多麼不同——雖然她熱愛學術工作，但研究、發表和升等的壓力始終如影隨形。既然她的未來已攔腰而斬，她想做點能立刻看到具體成果的事（像打包雜貨、招呼顧客、堆放貨品等等），讓自己在人生盡頭有股踏踏實實的成就感。那天提著購物籃排隊的時候，她明白自己不只是幻想而已——她**羨慕**那些收銀員。於是她做了決定：如果人生只剩一年，她要應徵喬氏超市收銀員的工作，週末來這裡打工。

她真的跑去應徵，獲得錄用，也接受了那份工作，用大大小小的事填滿好幾個月。在喬氏超市的日子讓她與顧客和同事建立連結（她甚至幫一名同事完成重回校園之夢），要是她一開始沒有**跟著羨慕走**，她根本想不到自己可以用這種方式與人互動。這正是心理師經常建議病人做的事——對羨慕之類的感受要備加留意，因為它們透露出你想要的是什麼。別人就像一張空白布幕，我們會不知不覺地把自己的欲望投射在上頭。與其為自己的情緒羞愧，何不運用它們與自己建立更深的連結？

寫下三個你羨慕的人：

（1）

（2）

（3）

你最羨慕他們哪一點？與伴侶的關係？與子女的關係？實話實說的個性？還是事業成就？

（1）

（2）

《也許你該找人聊聊》共鳴選句

每當我們實習心理師為固執抗拒的病人頭大，督導總是建議：「抗拒是心理師的朋友，別跟它鬥——跟著它走。」換句話說，我們要設法推想病人為什麼會抗拒。

（3）

花幾分鐘把你的視角從羨慕轉為渴望。

你的羨慕有沒有讓你發現自己渴望什麼？從渴望的角度來看自己，你的故事是否從消極無助轉為積極主動？你可以做點什麼來接近你的渴望呢？請寫下具體的一步（向伴侶敞開心房、下載交友軟體、研究該怎麼做來改變職涯等等）。

○主動調整互動模式

既然我們已經更加了解人我連結的意義，希望你對自己的人際關係已看得更清，例如這些關係如何形塑你的故事、你的視角在哪裡還有彈性、哪些關係該更加留意等等。接下來的問題是：我們該怎麼著手呢？我們該怎麼強化對自己意義重大的關係？又該怎麼打破對我們造成傷害的模式？答案是從自己開始。

「從自己開始」看似理所當然，但你要是知道有多少人因為關係不睦來接受心理諮商，卻一口咬定是對方應該改變，你一定會很詫異。他們想知道的其實是怎麼使對方更懂得傾聽、更不自私或更支持他們。做伴侶諮商時，經常有人以為我能為他們的問題提供答案。他們只是想找客觀第三方證明他們對、他們的伴侶錯，一切都會變好。

但我會對他們說：每一場關係都是一支舞。夏綠蒂和靚仔時冷時熱的關係是最好的例子。靚仔有他的舞步（靠近／後退），夏綠蒂也有她的舞步（靠近／受傷）——這是他們

《也許你該找人聊聊》共鳴選句

你一定聽過：人在網路上呈現的是生活中較好的一面。如果你想看看證據——來當心理師，上網搜尋你的病人吧！

共舞的方式。而我知道一件事：只要夏綠蒂開始改變舞步，靚仔就不得不跟著改變舞步，否則他不是絆到就是跌倒，不然就是走出舞池另找舞伴。最後，夏綠蒂決定改變她的舞步（更改晤談時間），免得一再遇到靚仔，繼續他們不甚滿意的探戈。共舞的比喻適用於人際關係裡的一切模式，不論那種模式是有害的，或者只是令人心煩而已。掌握這項原則有助於你處理一再引起爭執的模式，例如誰該去倒垃圾、為什麼老是和兄弟姊妹起衝突等等。

雖然你只能控制自己的行動和反應（明白這件事可能讓你釋然，也可能令你不安，端視你看事情的角度而定），但有一件事是確定的：你的行動和反應很重要，它們能改變你的故事情節。只要決心以不同的方式行動和反應（或者根本不採取行動也不反應），你一定能培養更強韌、也更健康的人我連結。

請寫下你想改變的某種人際關係模式：

有趣的部分來了：現在，請把焦點只放在你在這種模式中能控制的部分。你在這場共舞中能改變的「舞步」是什麼？

請想出三種你能改變這種模式的方式。

（1）__________的時候，

我可以__________

____

____

__________。

（2）__________的時候，

我可以__________

《也許你該找人聊聊》共鳴選句

人生裡的「戲劇性事件」不論多不愉快，它們有時卻是一種自我治療，一種迴避內在風暴、讓自己冷靜下來的方法。

（3）＿＿＿＿＿＿＿＿＿＿＿＿＿＿＿＿＿＿＿＿＿的時候，

我可以＿＿＿＿＿＿＿＿＿＿＿＿＿＿＿＿＿＿＿＿＿＿＿＿。

＿＿＿＿＿＿＿＿＿＿＿＿＿＿＿＿＿＿＿＿＿＿＿＿＿＿＿＿。

練習面對脆弱

改變舞步並不容易。如果你已一頭鑽進探戈，當然很難知道林迪舞（Lindy hop）是什麼樣子、跳起來是什麼感覺。所以，如果你向來不曾正視脆弱，可能會不敢嘗試這種舞步。

互動出現問題的時候，我們的反應常常是退卻、迴避，或是以其人之道還治其人之身。但學會面對這些互動、學會以拉近彼此距離的方式與我們所愛的人對話，才是真正值得學習的美好舞步。

你記不記得在《也許你該找人聊聊》裡，麗塔有一次約我「緊急晤談」？她當時心亂如麻，喘不過氣，因為她和米隆在YMCA停車場發生了一些事，過程十分戲劇化：米隆對她告白，告訴麗塔他多麼想她，他細數麗塔令他著迷的每一件事（她的創作、她的紅髮、她的好心腸），最後，他深情地親吻麗塔。麗塔的反應？她甩了米隆一巴掌，掉頭就走。米隆另結新歡之後，麗塔一直很傷心，也很想念米隆。聽到米隆這樣告白，她原本應該非常驚喜，可是她不相信米隆向她流露的脆弱，也對向他（或任何人）流露脆弱感到不自在。事實上，坦承自己的脆弱需要真正的勇氣，人很難當面告訴自己真心在乎的人：「我是這樣的人。實情就是如此，沒有半點修飾。這是我對你的感覺。」同樣值得一提的是：承認自己的脆弱固然很難，聆聽別人道出自己的真實樣貌——或是像米隆那樣，說出他們對你的感覺——也絕非易事。不論從哪個層面來看，吐露自己內心深處的感受都需要勇氣。

不只在愛情裡是如此，面對脆弱在任何關係裡都既是挑戰，也是禮贈。不過，雖然敞開情緒對強化和維繫關係是必要的，我們的文化卻不擅於這樣做。在《也許你該找人聊聊》

《也許你該找人聊聊》共鳴選句

當心理師之後，我很驚訝有這麼多人想要我告訴他們該怎麼做，好像我有正確答案、或是日常生活的一大堆決定有對或錯似的。

大腦韌性

高齡化時代最重要的健康資產

桑賈伊．古普塔（Sanjay Gupta）◎著｜張瓊懿◎譯

國際失智症協會在2019年的報告中指出：如今每三秒就有一人罹患失智症。目前全球約有五千萬名失智者，至2050年可能成長達三倍，相關支出會在2030年增加一倍。失智症將是我們這年代最常見的退化性疾病。

有調查發現，人們對大腦失能的恐懼程度，甚至凌駕死亡。認知衰退已是長壽的現代人生活品質的一大威脅。好消息是，變老不必然會伴隨著大腦退化。儘管目前尚無方法治癒失智症與相關認知衰退，但科學已經發現，早在發病的二十甚至三十年前它就開始醞釀，在這段不算短的期間，有很多方法可以介入，加以預防。

本書分成三大部分：（一）釐清正常的老化、偶爾的大腦失靈、異常的老化，以及嚴重衰退之間的區別。（二）從五大面向切入，提供保護與提升大腦功能的實際策略。（三）探討大腦疾病確診和治療時，相關人等面對的挑戰，並介紹目前認知科學的進展與應用。

歐巴馬心目中「衛生署長」第一人選、
前白宮學者暨CNN首席醫療記者
桑賈伊．古普塔疾聲呼籲
大腦保健重要性之作！

★ 比爾．蓋茲、《賈伯斯傳》作者艾薩克森、《無病時代》作者阿格斯口碑推薦！

★ 上市當日直取亞馬遜書店「總榜TOP 1」，出版一年累積近萬千人4.7星好評！

掃描這個QR Code
可以下載閱讀
《大腦韌性》
的電子試讀本。

掃描這個QR Code可以察看
行路出版的所有書籍，
按電腦版頁面左邊
「訂閱出版社新書快訊」按鍵，
可即時接獲新書訊息。

裡，麗塔不是唯一一個不知如何面對脆弱的人，約翰也是如此。對約翰來說，顯露脆弱既可悲又可恥。這個念頭可以一路上溯到他六歲那年——失去媽媽之後，他覺得自己必須「堅強起來」。

和別人談到吐露脆弱的時候，我總是告訴他們要慎選聆聽者。大家之所以不敢和別人分享自己較柔軟的層面，常常是因為他們以前這樣做的時候有不好的經驗。可能有人背叛了他們的信任，可能有人阻止他們表達感受，也可能有人利用這些資訊傷害他們。所以我們要從選擇聆聽者開始，下一步才是探索你深藏心中的軟弱。

請先想想：你生命裡有哪些人是「安全」的聆聽者？誰是你全心相信的人？如果一時想不到，可以看看你在前面的練習裡提到了哪些「正面角色」。多多留意你的故事裡對你有幫助的人，是建立健康關係的訣竅之一。

＿＿＿＿是不錯的聆聽者，因為＿＿＿＿＿＿＿＿＿＿＿＿＿＿。

＿＿＿＿是不錯的聆聽者，因為＿＿＿＿＿＿＿＿＿＿＿＿＿＿。

＿＿＿＿是不錯的聆聽者，因為＿＿＿＿＿＿＿＿＿＿＿＿＿＿。

＿＿＿＿是不錯的聆聽者，因為＿＿＿＿＿＿＿＿＿＿＿＿＿＿。

你一直不敢談哪些話題？

你為什麼不敢談？你覺得談了以後會怎麼樣？

《也許你該找人聊聊》共鳴選句

人其實並不喜歡別人告訴自己該做什麼。因為說到頭來，人還是想為自己的人生作主。

避談這些事讓你得到什麼？又失去什麼？

為什麼談這些事情會讓你感到脆弱？是因為你談的時候會露出恐懼、愛、渴望或羞愧嗎？

如果和你談的人看見你的真實樣貌，你覺得會發生什麼事？這份經驗會如何深化你們的關係呢？

聆聽

我還在當實習心理師的時候，有一位臨床督導這樣講過：「人有兩個耳朵一張嘴，所以多聽少說符合人體比例。」我們必須懂得聆聽才算真正進入對話。換句話說：光聽別人講了什麼還不夠，我們還必須從他們的角度**理解**這件事，即使你的觀點和他們不一樣。每一個人都深深渴望被人理解，但我們有時必須十分努力才能**真正聆聽**，在溝通已經劍拔弩張時尤其如此。我們的大腦在對話時都忙些什麼呢？我想大家都很清楚：別人一句話還沒講完，我們往往就已迫不及待地開始想怎麼回話。可是，人一說話就無法專心聆聽，而我

《也許你該找人聊聊》共鳴選句

每個人心裡多少都會天人交戰：順著孩子還是依著大人？安全重要還是自由重要？人不論落在光譜哪個位置，做決定時都是以兩件事為權衡基礎：恐懼和愛。心理師的努力目標，就是教會你怎麼分辨兩者。

必須很遺憾地告訴大家：我們在心裡和自己對話時也是如此。

在對方沒有認真聽你講話的時候，我們是感覺得出來的，人天生懂得分辨別人有沒有好好聽自己講話。聆聽者心不在焉的原因常常不是聽不懂，也不是誤會你的意思，而是他們太陶醉在自己的世界。真心聆聽代表敞開心胸了解在你面前的人。可惜我們經常困在自己的故事裡，無法用別人的視角看事情。

我有一次為一對夫妻做諮商，他們的關係出了問題，所以來接受伴侶治療。那位太太問丈夫：「你知道我最想聽到哪三個字嗎？」丈夫說：「『我愛你』嗎？」「不對，」他太太說：「那三個字是『我懂你』。」努力了解你關心的人是深刻的愛的表現，而這要從渴望了解和調整你自己的故事開始。了解一個人代表你願意放下你的成見和自利之心——不求以自己設想的方式給予幫助，也不預設自己才是對的——代表你願意接受詫異和失望，代表你願意相信不論對方希望你了解的是什麼，實情在你們的關係中必須有一席之地。

用心聆聽是強化連結的有力工具，即使在彼此沒有摩擦、關係也不緊張時亦然——事實上，聆聽在這些時候更顯重要。在我們關心的人找我們聊聊的時候，我們不太可能說：「我和你談對你有幫助嗎？你只是想發洩一下吧？你是想討拍，還是想聽我說實話？你要我陪你一起解決問題嗎？現在做什麼能幫到你呢？」聆聽別人的心事時，我們常常以為自己想得到什麼幫助，對方也會想得到什麼幫助，但這種做法往往無法真正幫助到他們，因為我們給的其實是**自己**想要的東西，而不是**他們**想要的東西。真正的聆聽不是這樣。

茱莉抗癌的經驗是很好的例子：不論她遇到什麼人，對方對她的病情不是欲言又止、如履薄冰，就是一直沒話找話講，唯恐陷入尷尬的沉默。他們的這些反應只能讓自己心裡好過一點，並沒有照顧到茱莉真正的需要。結果就是：茱莉覺得自己既沒有獲得聆聽，也沒有受到了解。她感覺不到和她談的人真心相伴。她想建立連結，別人的反應卻讓她更感孤獨。

我們彼此理解和關懷的經驗其實可以很不一樣：在有人想接近你、與你分享真正的自己時，你可以**主動**詢問你能如何陪伴他們；在你想與你所愛的人分享你的故事時，他們也能用同樣的方式問**你**。我們可以為生命裡的人這樣做，用這種方式去感受彼此之間無比強韌的連結。所以，對於稍早提到的「多聽少說」人體比例，我想在兩個耳朵、一張嘴之外加上另一個要素：一顆開放的心。

在你認識的人裡，最好的聆聽者是誰？為什麼他們能讓你感到被聆聽和了解？是他們在你說話時看著你的方式？他們的語氣？他們問的問題？他們追問的問題？還是他們在你難受時陪伴你的方式？

《也許你該找人聊聊》共鳴選句

人希望能迅速解決自己的問題，可是，如果他們的情緒困擾是因生活步調太快而起，再求速戰速決豈非飲鴆止渴？

你上次感到被聆聽和了解是什麼時候？那次談的是什麼？當時是什麼情況？你那時之所以能自在地表達感受，是因為接收到什麼樣的線索和反應？

你覺得自己是個好聆聽者嗎？如果是，為什麼？如果不是，原因何在？如果你以後有機會當聆聽者，你覺得自己具體上可以怎麼做？（請舉兩個例子）

《也許你該找人聊聊》共鳴選句

歐文・亞隆常說：心理治療是了解自我的一種存在主義式體驗，所以心理師是依照人而非問題調整治療方向。也許兩個病人的問題一模一樣（例如不願在關係中坦承自己的脆弱），但我們的治療方式會因人而異。

好好聆聽的技巧

．即使對方問你意見，提出建議前仍應三思。因為你朋友或你關愛的人需要的可能只是聆聽，而不是建議。
．即使你認為他們已經講完了，回應之前還是先等一下。因為有時雖然你以為他們講完了（甚至他們自己也以為講完了），但他們其實還有話要說，只是需要有人推一把，像「嗯，這有意思」、「再多講一點」、「剛剛那邊我想多知道一點，能不能再解釋一下？」、「這邊跟我多講一點」等等。
．切記：你在這種時候想要的，不一定是他們需要的。如果你不知道他們需要什麼——別預設立場。
．以愛為準——這是人人都應奉為圭臬的原則。在心中與自己對話的時候，也請帶著同樣的愛與好奇。
．在學習聆聽別人的過程中，我們也要成為對自己更好、更溫和的聆聽者。請記得常常問你自己：我是怎麼聆聽自己的？

○白痴慈悲與智慧慈悲

《也許你該找人聊聊》的很多讀者都跟我說，看清白痴慈悲和智慧慈悲的差別對他們意義非凡。我們稍微複習一下：**白痴慈悲**是你好心的朋友有時會做的事。他們不是不希望朋友更好，可是在朋友需要當頭棒喝的時候，他們不願給予當頭棒喝。別人常對我們說他們以為我們想聽的話，但這種慈悲可能比坦誠以告傷害更大。例如你一直沒獲得升遷，朋友不陪你認真思考背後的深層因素，卻為了讓你好過一點而強調：「是他們沒眼光！」又例如有句名言說：「如果你去的酒吧總有人惹事生非，也許惹事生非的就是你。」如果你是這樣的人，但你的朋友不敢指出你的模式，只一味附和：「對！都是那些人的問題！錯的是他們，不是你！」他們就是在發揮白痴慈悲。

我們用白痴慈悲對待青少年、對待配偶、對待成癮者，甚至對待自己。佛教將與它相反的慈悲稱為**智慧慈悲**，指的是你雖然關愛一個人，但在必要時仍不惜投下一枚愛的真相炸彈。心理師的智慧慈悲就像拿著一面鏡子（當然是光潔無瑕的鏡子，不是滿布塵埃的鏡子），對你說：「我要幫你看見自己。雖然你以前可能不願意看，或者沒辦法看，但我覺得你會喜歡你看到的，因為這能幫助你用平順得多的方式探索世界。」有了智慧慈悲，你將能做出一些改變。很多人來諮商時想的是改變其他人或某些事，我總會提醒他們：你是你

《也許你該找人聊聊》共鳴選句

其實，求快的生活方式已讓我們「要」得越來越多，卻越來越寂寞。更生人的社交萎縮難題，或許只是現代社會通病的加強版而已。

的故事的主角，能否發生改變取決於你。

別人上次用白痴慈悲待你是什麼時候？

如果你想不太起來，可以回望一下人生低谷，因為那裡通常很容易發現白痴慈悲。要是你曾經與人不歡而散（這種經驗十分普遍），現在回過頭看，你可能會想：**我當時明明被人踩在腳下糟蹋，為什麼沒人提醒我？**或者：**怎麼沒人跟我講過大家之所以離我而去，是因為我有時候控制欲太重，並不是因為我不值得被愛？**

認清這些之後，請再回想朋友、家人或情人以白痴慈悲待你的時刻。

你覺得他們當時**真正**想對你說的是什麼？

你想他們為什麼會覺得不能對你坦誠以告？你想他們認為你會有什麼反應？

你希望他們當時怎麼向你展現智慧慈悲？（請記得：「智慧慈悲」裡的「慈悲」不是隨

《也許你該找人聊聊》共鳴選句

從某種角度來看，與中年危機牽涉更深的是開放，而非封閉；是擴大，而非侷限；是重生，而非死亡。

便說說而已，它帶來的應該是溫柔、和煦的感受。）

第四張快照

既然這一章強調的是連結，請為第四張快照加進另一個角色。挑一個對你意義重大的人，回想你們共度的時刻（可能是和死黨碰面，可能是陪伴年邁的父母，也可能是晚餐後和你的伴侶一起遛狗）。請為你在那些時刻的內心狀態拍一張快照。它看起來如何？和那個人在一起的時候，你的身體有什麼感受？你隱瞞了什麼嗎？你覺得安全還是脆弱，或者兩者都有？有沒有什麼是你當時沒說、但現在希望那時有說的？有沒有什麼是你希望他們了解、但你不確定他們是否了解的？你現在能用新的角度看待那些事嗎？

《也許你該找人聊聊》共鳴選句

伴侶治療時，如果其中一方被憤怒或傷痛淹沒，一時只能發動攻擊或停止反應，我們心理師會先停下幾分鐘，讓他們的神經系統重置，恢復接收訊息的能力。

第四次反思

在下一章，我們會把焦點從考掘故事與模式轉向幾個大哉問，探討它們如何影響我們的價值觀、我們對未來的夢想，還有我們現在所做的選擇。在進入下一章之前，請先用以下空白寫下心得，記錄你在換位思考的過程中得到的啟發與領悟。你有找到看待舊故事的新視角嗎？新的視角是否讓你豁然開朗，看見自己一路走來的人際難題癥結何在？對於你給自己和別人套上的角色，你學到了什麼？你接下來想強化哪些連結？

《也許你該找人聊聊》共鳴選句

得不到答案對每個人來說都是煎熬。在人生某個時刻，我們都得接受自己找不出答案，或是有些事本來就沒有答案。有時候，我們永遠無法得知原因何在。

Maybe You Should Talk to Someone: The Workbook
A Toolkit for Editing Your Story and Changing Your Life

CHAPTER 5

最深的恐懼，最大的盼望
——終極掛慮
Deepest Fears, Highest Hopes: The Ultimate Concerns

我開始領悟：
不確定代表的其實不是失去希望，而是可能性。
我不知道接下來會如何——
那不就潛力無窮、充滿驚喜？

——《也許你該找人聊聊》

博學多才的精神病學家歐文・亞隆（Irvin Yalom）講過，人有四個「終極掛慮」（ultimate concerns）〔1〕：死亡、孤獨、自由和無意義。在影響我們如何開展自己的故事的各種因素裡，最重要的或許是我們處理這些根本問題的方式。在前一章，我們試著換上生命裡其他人的視角，也看到這樣做的可貴之處；在這一章，我們會試著往更深處探，剖析這四個終極掛慮對我們的視角產生何等影響。

練習到這一章的時候，我希望你把自己的故事看得更清楚，融會你好不容易獲得的領悟，看出自己可以在什麼地方改變情節或視角。我聽前輩講過，心理治療的改變往往是「先漸進，後頓悟」。我也發現，碰觸和深究終極掛慮可以引人走向重大轉捩點，讓他們從疏離冷漠到建立連結，從懷疑自己到相信自己的可能性。這些終極掛慮猶如脈動，透露出我們為什麼會這樣決定、那樣行事。

舉例來說，麗塔一開始是因為嚴重憂鬱來找我。我們一起探究她為什麼會有這種感受，也為她尋找能與別人建立和發展連結的機會。她原本是抗拒的，所以我們一直無法好好處理造成她目前處境的故事。最後之所以出現轉機，是因為我們碰觸到主導她的故事的終極掛慮：無意義感。隨著七十歲生日逐漸接近，麗塔懊悔自己的人生過得不充實，一輩子做了許多「壞選擇」。這樣度過一生是為了什麼呢？她的人生有意義嗎？她的痛苦背後有更大的終極掛慮，除非她願意處理，否則她無法改變束縛她的故事。

《也許你該找人聊聊》共鳴選句

當好爸爸的功課之一，也許也包括容許自己流露各種情感，活出真實的自己，雖然有時候完整活出自己比不這樣做更難。

我們也一樣，必須正視終極掛慮才能改變故事。亞隆常說心理治療是了解自己的一種存在體驗，所以心理師的治療方式必須依人而定，而非依問題而定。即使兩個病人的問題是一樣的（例如約翰和夏綠蒂都是無法在關係中流露脆弱），我也會用不同的方式處理。助人度過最深層的存在恐懼不可能用同一套方法，因此心理治療過程極大程度上因人而異。在這一章裡，你會看見終極掛慮如何影響你的恐懼與選擇。

○今天只有一次

即使我們沒有意識到自己恐懼死亡，這種恐懼還是常常影響我們的決定、我們與人的連結，以及我們的內心平靜。雖然我們經常壓抑對死亡的本能恐懼，但年紀越大，我們對它就越是害怕。我們害怕的不只是失去生命，更是失去自我——失去較為青春、也較有活力的自我。這種恐懼有時候讓我們自毀，有時候讓我們拒絕成長。但正如亞隆所說，覺察死亡其實能讓我們更不焦慮，而不是更焦慮，也有助於我們活得更加圓滿。

茱莉剛剛得知自己不久於人世的時候，她問我是否願意當她的心理師，陪她走最後一程。我那時有些躊躇，因為我沒有陪伴時日無多的年經癌症病人的經驗。但我後來才發現，原來還有另一個原因讓我踟躕不前：這將迫使我面對自己終有一死的事實，可是我還沒準備好面對這個課題。我和很多人一樣否認死亡，雖然明知生命的死亡率是百分之百，但我並沒有把這個數字與自己的生死連在一起。陪伴茱莉的經驗讓我學到用心生活多麼重要，即使眼前充滿不確定也應如此。既然不知道將來會如何，我們必須把焦點放在活在當下。

也許看似弔詭，但茱莉是在確診癌症末期之後，才開始擴大自己對人生的想像。素來謹小慎微的她唯恐自己太放飛自我，不論看到地方樂團在徵歌手、電視上的遊戲節目，還是禁語一週的禪修營，她都會來問我該不該去嘗試。儘管覺察死亡令她憂傷，但也為她的人生注入活力。面對人生故事無可避免的結局，茱莉不願阻擋或壓抑因之而起的情緒，因為對她來說，這樣做只是扭曲故事情節而已。用亞隆的話來說，她必須先「將死亡帶進覺察」，才能將自己的死與生合而為一，讓自己最後的日子過得豐富而精采。

事實上，即使沒有惡疾如芒刺在背，我們也應好好思索人生何其有限。雖然面對自己的死需要勇氣，也需要坦誠，但這樣做能讓你擺脫束縛，得到自由。以下練習的目的，是幫助你覺察自己對於死亡的終極掛慮，讓你看見若能時時覺察死亡，人生或許會浮現哪些可能性。

寫自己的訃聞與略歷〔2〕

你也許記得，茱莉在人生最後的幾個星期，曾與我談過她希望自己的訃聞寫些什麼。

《也許你該找人聊聊》共鳴選句

流著眼淚，約翰說他最不希望的就是這樣，他不是來這裡崩潰的。我要他放心，這不是崩潰，而是破繭。

雖然她的訃聞最後只有一句話：「在三十五年人生的每一天，茱莉．卡拉漢．布魯一直被愛著。」但在此之前，她很認真地想過生命中對她意義最深的是什麼、她希望別人記得她的哪些面向，還有她想把哪些她愛的人放進人生故事裡。

也許你最後會和茱莉一樣只寫下短短一句話，但我想請你先從頭到尾嘗試一遍，設法寫得更深入一點。請把這個練習當成訴說你的故事的另一種方式：如果你必須寫下自己的訃聞，你希望裡頭寫些什麼？在你期望的訃聞內容和你現在的人生之間，有沒有落差？如果有落差，你認為有哪些小改變是今天就能做的，不必拖到明天？

在茱莉最後的那段日子，我們也談過她想怎麼與親朋好友道別。你想留給他們什麼？你希望他們留給你什麼？我問過茱莉這些問題，也認為每個人都該隨時問問自己這些問題，因為絕大多數人都不知道自己什麼時候會死、會怎麼死。這些話不必等到臨終時說，因為臨終時刻並不像很多人以為的那麼動人。雖然到了生命的最後幾天或幾個鐘頭，沒有人不想尋求平靜、清明、諒解和療癒，但臨終時刻常常不是那個樣子。正因如此，現在就成為自己想成為的人才那麼重要，在仍有餘力時更開放、更寬闊才那麼重要。等得越久，遺憾越多。

我有一個病人的生父一直想和他重修舊好，但他多年來猶豫不決，始終沒有行動。等到他終於和父親聯絡，才知道他已經陷入昏迷，失去意識，剩不到一週的壽命。他為此懊

《也許你該找人聊聊》共鳴選句

如果說心理治療的目的是引導病人，讓他們從現在的樣子變成他們希望成為的樣子，我們就必須隨時反思人是怎麼改變的。

悔不已。我們也常賦予最後時刻不成比例的意義，把它看得比先前的互動更重。我有另一個病人的太太是和他吵到一半時驟逝，因為他就是不肯為沒有幫忙洗衣服認錯。「她死的時候正在生我的氣，覺得我擺爛。」他說。事實上，他們的婚姻人人稱羨，兩個人也一直很相愛。這種口角要是發生在平日，他們都不會放心上，但因為這是他們最後的對話，便成了難以釋懷的傷痕。

請想想那些和你很親的人。如果你知道自己（或他們）明天就會去世，你今天會對他們說什麼？你想留給他們什麼？你希望他們留給你什麼？如果你愛的人必須在沒有你的世界活下去，你對他們最大的心願是什麼？

專注在今天

匆匆度日是我們迴避覺察自己的死的方式之一。我們之所以難以放慢腳步和專注當下，常常是因為我們人在此刻，心卻飄向未來，以為當前的階段只是過渡，「真正的」人生還沒開始。我們以為只要順利畢業、升遷、退休或搬家，就能開始享受人生，直到有一天終於發現人生已倏忽而過。

我還在接受臨床訓練的時候，有一天，我和幾個實習戰友在休息室閒扯。我們像平常一樣聊起實習時數還剩多少、等到終於拿到執照不曉得幾歲了等等。數字越高，感覺越糟。有個六十多歲的督導正好走過，聽到我們的對話。

「你們遲早會三十歲、四十歲、五十歲，不管時數有沒有談完都躲不掉。」她說：「幾歲談完有這麼重要嗎？倒是今天一定不會回來。」

我們沉默下來。**今天一定不會回來**。

這件事實令人發寒。我們知道督導想提醒我們很重要的道理，但我們沒空去想。

《也許你該找人聊聊》共鳴選句

心理師不是說客。我們能做的是試著協助個案更了解自己，讓他們懂得問對問題。這樣，在他們的內心或外在環境起變化時，他們才能自己說服自己。

後來我去找溫德爾諮商時又想起這件事，因為它是我的故事裡的重要主題。

如果你一路狂奔，直衝未來，很可能會錯過當下的某些東西。我們現在不妨稍停片刻，檢視你的故事裡的當下時刻。

你覺得自己對人生的哪些部分只想匆匆解決？是照顧子女、職涯發展、人際關係，還是達成某個特殊目標？

讓你狂奔而去的終點是什麼？

意識到今天過了就不會再回來以後，你看待今天的方式是否有所不同？你對你現在運用時間的方式滿意嗎？有沒有什麼事你以前會匆匆略過，但現在會停下來享受？什麼是你更想做的事？什麼是你不妨放下的？你想提高哪些事的優先性，而且願意認真為它們空出更多時間？

《也許你該找人聊聊》共鳴選句

刺激和回應之間有空間，空間裡是我們選擇回應方式的權力，回應方式裡有我們的成長和自由。

遺願清單

人經常是到了親朋好友去世，才想到遺願清單。二〇〇九年，藝術家張凱蒂（Candy Chang）在紐奧良（New Orleans）的公共牆面開闢一片空間，鼓勵大家為「在我死前＿＿＿」填入心願。反應非常熱烈，短短幾天牆面就寫滿了：「在我死前，我想跨立在國際換日線」、「在我死前，我想為幾百萬人歌唱」、「在我死前，我想完全作我自己」等等。這個點子傳開之後，世界出現上千面這樣的牆：**在我死前，我想跟姊姊恢復關係、想當個好爸爸、想去跳傘、想改變別人的人生……**

我們以為列遺願清單是為了避免遺憾，其實，它也讓我們逃避死亡。畢竟清單越長，我們就以為自己還剩越多時間一一完成。相反地，刪減清單能微微撼動我們的否認系統，逼自己承認嚴肅的事實——我們不可能永遠活著。所以在接下來的練習裡，你的遺願清單只能寫三項。

（1）在我死前，我想＿＿＿＿＿＿＿＿＿＿。

（2）在我死前，我想＿＿＿＿＿＿＿＿＿＿。

（3）在我死前，我想＿＿＿＿＿＿＿＿＿＿。

把遺願清單刪到只剩三個，讓你產生什麼感覺？更有動機去做？還是感到驚慌？關於今天該怎麼活，這三件事有沒有讓你悟出什麼？

《也許你該找人聊聊》共鳴選句

道出難堪的真相或許得付出代價——不得不面對它們的代價——但也有報償：自由。真相讓我們不再羞慚。

現在，請反過來想遺願清單：明白人生有限之後，有哪三件事是你不想再做、或者現在就想直接停止的？

（1）＿＿＿＿＿＿＿＿＿＿。

（2）＿＿＿＿＿＿＿＿＿＿。

（3）＿＿＿＿＿＿＿＿＿＿。

請回顧前面的問題並自問：你的回答能如何成為觸媒，以看似微小、實則深具意義的方式，促使你改寫人生故事？

○獨處的能力

第二個終極掛慮是恐懼孤獨。獨囚一室之所以真的能把囚犯逼瘋，不是沒有原因的。他們會產生幻覺，恐慌發作，精神渙散，出現強迫行為和妄想，乃至萬念俱灰，萌生自殺念頭。他們的社交能力經常在獲釋之後退化，導致無法與他人互動。看到現代人因為生活步調太快而日益寂寞，我經常在想：獨囚或許只是現代生活的加強版而已？

人類幾百萬年來都生活在多代同堂的大家族，這種文化直到上個世紀才發生改變（改

《也許你該找人聊聊》共鳴選句

有快樂恐懼症的人像不沾鍋，黏不住喜悅。受過創傷的人經常如此，以為災禍隨時可能降臨。他們就算遇到好事也不會靠過去，反而變得過度警覺，總是在等壞事發生。

變的主要是西方世界）。我們這個物種習慣被人群圍繞，但現在，不計其數的人是獨居或生活在核心家庭。雖然這些新發展有助於保有個人隱私和個體自由，但對於建立連結感不見得有益。的確，我們可以藉由網路與人連結，也確實透過它建立了一些關係，但網路雖能帶來慰藉，也能使人上癮。上網雖能逃避痛苦，卻也同時製造痛苦。網路帶來的快感退卻之後，你的感覺只會更糟，不會更好。人越是寂寞，也越會害怕孤獨，而這份恐懼會以意想不到的方式影響我們的故事。

有人為伴卻內心寂寥的感受很多人都有。有時我們彷彿與所愛的人斷了連結，猶如貌合神離的伴侶；有時我們為了保護自己而選擇自我孤立——麗塔、夏綠蒂和約翰都是如此，只是方法不同。約翰雖然深愛瑪歌，但因為彼此處理喪子之痛的方式不一樣，讓他覺得他們之間的距離越來越遠，自己也越來越孤獨。瑪歌想和他談蓋比，希望夫妻兩人能一同處理和分擔痛苦；約翰則認為自己必須為家人堅強，深怕坦露感受會讓事情愈發不可收拾。隨著他和瑪歌漸行漸遠，約翰的孤獨感越來越深，接著，新出現的情節又進一步影響他的故事走向。

你可能出於熟悉感、甚至舒適感而一再回到孤獨的主題，讓自己不斷重複孤立無援、隻身面對痛苦與挑戰的敘事。如果你做本書的練習時，經常浮現孤獨和寂寞的主題，這裡是進一步檢視它們的好機會。

一期一會

其實我們每天都有很多建立連結的機會，可是我們很少這樣看待每一天。所以，現在就讓我們化身編輯，做些修改。以你目前對於自身模式和傾向的了解，你認為自己可以怎麼嘗試與人建立連結？你可以向誰伸出手？這樣做可能得冒什麼風險？請把這些場景寫下來，越詳細越好，不要只是模模糊糊設下目標。舉例來說：「星期一早上排隊點咖啡的時候，如果有人對我笑，我也要報以一笑，不要假裝沒看到」；或者：「今天晚上吃晚餐時，我和伴侶要關上電視，好好聊聊」；可以是：「我中午要找同事一起吃午餐，再一起去外面走走，呼吸新鮮空氣，不要一個人待在位子上悶著頭吃」；當然也可以是：「我晚上要去參加讀書會（或是上運動課、發展自己的興趣），這樣也許能認識志同道合的人」。

為了協助你探索各種可能，我會把這些事依時序拆分。你的一天有哪些時候可以認識別人或被人認識？哪些時候可以與你所愛的人連結？哪些時候只要多注意一點，就可能與人產生連結？

早上：

中午：

《也許你該找人聊聊》共鳴選句

心理治療有個詞叫「被迫原諒」。我們感到有原諒對方的壓力，甚至以為自己要是無法原諒，一定是出了什麼問題——不夠有智慧、不夠堅強，或是不夠有同情心。

下午：

晚上：

迴避連結或尋求連結

約翰和麗塔都有迴避親密或連結的傾向，這是他們的防衛機制——以掌控孤獨來處理對孤獨的恐懼。對這樣的人來說，與其被人拋下，不如主動推開別人。另一方面，也有人反其道而行，藉由不斷尋求連結來緩和對孤獨的恐懼。夏綠蒂就是這樣，雖然她由衷渴望與人親近，但因為她的照顧者從小對她忽冷忽熱，陰晴不定，她選擇的關係總是一再陷入同樣的模式。她想建立連結，卻總是用錯方法。簡言之，每個人處理這種恐懼的方式都不一樣。在人際關係裡，雖然有人冷若冰霜，有人緊迫盯人，但背後原因都是對孤獨根深蒂固的恐懼。

感到孤獨或寂寞時，你會怎麼做？

感到寂寞的時候，我會……

我尋求連結的方式：

《也許你該找人聊聊》共鳴選句

痛苦可以是自我保護，停在憂鬱狀態也可以是某種形式的逃避。安安全全躲在痛苦的殼裡，就什麼也不必面對，也不必進入可能讓自己再次受傷的世界。

我迴避連結的方式：

對我來說，用什麼方式建立連結更自在、也更有意義？

○探索你的「荷蘭」

第三個終極掛慮是自由，以及自由帶給我們的一切人生習題。你也許記得，茱莉的好友黛菈曾寄給她一篇短文〈歡迎蒞臨荷蘭〉（Welcome to Holland）。這篇短文膾炙人口，是唐氏兒家長艾米莉・佩爾・金斯利（Emily Perl Kingsley）寫的，談的是你的人生期望一夕落空的經驗。這篇文章所做的比喻是：你原本滿心期待要去義大利度假，飛機降落才發現自己到了荷蘭。於是，你暢遊羅馬競技場的計畫、乘坐貢多拉徜徉威尼斯的美夢，以及對於義大利的一切美好憧憬——全部泡湯。〈歡迎蒞臨荷蘭〉談的是陷入困境的無助感，是如何面對你在心裡給自由設下的障礙。

金斯利說，如果你容許自己被你對未來的期望限制，任自己執著於事情應該怎樣發展，你就會錯過你當下所在之處的一切美好事物。在黛菈的「荷蘭」，她認識了能了解她家庭處境的朋友，找到了與兒子連結的方式，學會了欣賞和喜愛他現在的樣子，不再把焦點放在他和其他人的不同。黛菈邀請茱莉也這樣做，試著欣賞她的「荷蘭」裡的鬱金香和林布蘭。

改變自己與過去的關係是心理治療的重要目標，相較之下，我們很少去談自己與未來的關係也會影響現在。我們對過去的看法固然會妨礙改變，我們對未來的期望同樣也會阻撓改變。我們以為未來是以後的事，殊不知我們每天都在心裡創造自己的未來。當現在崩解，與之相應的未來也會隨之覆滅，而失去未來是一切情節轉折之母。但我們如果把現在花在修補過去或控制未來，我們會困在現在，陷入永遠的悔恨。

大多數人都有跌入谷底的經驗，覺得自己像是被生命拋進迴圈，困在自己從來不想造訪的地方。然而，我們在修改故事上其實有很大的自由，不妨放膽一試。

你的「義大利」是什麼樣子？（你希望自己是什麼樣子？）

你的「荷蘭」是什麼樣子？（你覺得自己困在哪裡？）

請花點時間逛逛你的「荷蘭」，看看裡面的鬱金香和林布蘭。在探索這裡的時候，有哪些地方令你欣喜？你有沒有發現新的可能性？即使你已經在這裡待了一段時間，有沒有什麼東西還是令你好奇？請想想：**我該怎麼掙脫僵化的故事情節，不再讓它綁住自己？**

我們常常在自己的路上設路障，限制自己的情緒自由。我們讓自己或別人定義世界應該是什麼樣子，告訴自己該怎麼行動、該怎麼生活，還有該怎麼看待事物，卻很少去想這些期待可能縮限我們故事的彈性。蓋比死後，約翰深信自己必須表現堅強不崩潰，才能「顧

《也許你該找人聊聊》共鳴選句

無條件正向關懷並不代表心理師必須喜歡當事人，只是說心理師應該和顏悅色、不做批判，最重要的是：真心相信當事人若能受到鼓勵、獲得接納，一定有能力成長。

好」全家；夏綠蒂深信她的父母必須有所改變，她才能改變。他們都困在自己的執念裡，沒有思考自己的期待是否經得起檢驗。

在這個練習裡，請思考哪些期待限制了你的自由。

舉例：

因為 我是個負責任的人 ，所以 我不能辭職 。

因為 我不是個喜歡冒險的人 ，所以 我不能搬到新的城市 。

因為＿＿＿＿＿＿＿＿，所以＿＿＿＿＿＿＿＿。

因為＿＿＿＿＿＿＿＿，所以＿＿＿＿＿＿＿＿。

因為＿＿＿＿＿＿＿＿，所以＿＿＿＿＿＿＿＿。

因為＿＿＿＿＿＿＿＿，所以＿＿＿＿＿＿＿＿。

因為＿＿＿＿＿＿＿＿，所以＿＿＿＿＿＿＿＿。

因為＿＿＿＿＿＿＿＿，所以＿＿＿＿＿＿＿＿。

現在，請用「如果」取代「因為」，用除去限制的視角進一步想想其他可能性。

舉例：

如果我搬到我喜歡的城市，我可以認識和我想法相近的人。

如果我辭職，我可以去找我真心喜歡的工作。

如果＿＿＿＿＿＿＿＿，我＿＿＿＿＿＿＿＿。

如果＿＿＿＿＿＿＿＿，我＿＿＿＿＿＿＿＿。

如果＿＿＿＿＿＿＿＿，我＿＿＿＿＿＿＿＿。

如果＿＿＿＿＿＿＿＿，我＿＿＿＿＿＿＿＿。

如果＿＿＿＿＿＿＿＿，我＿＿＿＿＿＿＿＿。

如果＿＿＿＿＿＿＿＿，我＿＿＿＿＿＿＿＿。

如果＿＿＿＿＿＿＿＿，我＿＿＿＿＿＿＿＿。

《也許你該找人聊聊》共鳴選句

「都一年了，該往前走了。」諸如此類的陳腔濫調往往適得其反，它們讓說的人能比較輕鬆地看待悲劇，卻也讓身處其中的人更加憤怒和孤獨。

談到「自由」的時候，雖然我們想到的通常是它好的一面，但它也有令多數人卻步的另一面：我們都必須為自己的人生負責。還記得溫德爾對我說的那幅牢房漫畫吧？牢裡的囚犯猛搖鐵窗，渴望得到自由，卻沒發現兩邊根本沒有柵欄，想走隨時能走！有的時候，我們明明知道自己可以自由地過自己想要的生活，卻因為害怕伴隨自由而來的責任感，所以踟躕不前。**如果我必須為自己的人生負責，我就不能把自己選擇的路和行動怪到別人頭上，我自己必須一肩承擔。**請碰觸自己對自由的恐懼，讓它們在以下空白發聲。這裡的重點是看見恐懼，因為你越把它們表達出來，它們就越不可怕。我們在最後一章會再次談到這個觀念。

○無意義的意義

我們在這本書的第一章談過麗塔，六九歲的她處在艾瑞克森說的「整全VS.絕望」發展階段。麗塔回顧人生時所感受到的絕望，牽涉的是第四個終極掛慮：無意義。越接近她的七十歲生日——以及最終的死亡——她就越難過自己虛度一生，越恐懼一路走來毫無意義。來找我的時候，她意氣消沉，覺得一切都走了樣：她年事已高，極其寂寞，生活沒有目標，對過去充滿悔恨。她認為從來沒人真正愛過她。她是獨生女，可是出生時父母已經有了年紀，和她並不親近。成年以後，她又徹底「搞砸」了親子關係，以致孩子們和她形同陌路。她沒有親友陪伴，也沒有社交生活。她的父親幾十年前便已過世，母親雖然活到九十歲，但晚年深受阿茲海默症之苦。到了人生此刻，麗塔坦白說她不知道這樣活著意義何在。她真的還能改變什麼嗎？幾十年來都活得渾渾噩噩，現在才為人生尋找意義是否太遲？

而你已經知道答案了：一點也不遲。麗塔成功改寫了自己的故事，在遲暮之年找到了人生的意義。她雖然無法改變過去，但她可以改變未來的走向，為過去賦予意義。

《也許你該找人聊聊》共鳴選句

我跟很多人一樣，也錯把感受少當成感受好。但即使漠視感受，感受還是在那裡，它們可能化為潛意識行為，化為坐立不安，化為無法專注，化為缺乏食慾或控制不了食慾，化為暴躁易怒。

從懊悔中學習

大多數人在人生裡都曾經懊悔。也許你懊悔的事很少，也許你的懊悔能裝滿一整屋。無論如何，如果你有心處理「無意義」這種終極掛慮，並為你的人生找出意義，第一步就是用這些懊悔引路。但切記，懊悔可能有兩種作用：一種是把你鎖在過去，另一種是成為你改變的動力。

回首過去，你想起哪些懊悔？

你認為這些懊悔怎麼形塑了你現在的故事？它們讓你變得優柔寡斷？變得不敢與人建立連結？讓你無法原諒自己？還是讓你看不見自己的正面特質？

請轉換視角，試想：這些懊悔讓現在的你體悟了什麼意義？你在回答前兩題的時候有沒有閃過什麼靈感，讓你想到懊悔可以如何促成改變？

《也許你該找人聊聊》共鳴選句

無法說「不」多半是為了尋求肯定，這樣的人覺得如果自己說「不」，別人就不會愛他們。另一方面，無法說「是」的人缺乏的是自信。

「我到家囉」之家

麗塔願意特地花錢請人挖大門孔，不是沒有原因的——她要偷窺夙願。走廊正對門的那一家人有她渴求的一切：親情、照顧、快樂和滿足。對麗塔來說，「我到家囉」之家就是人生意義的化身，也是她未曾有過的生活，他們的和樂與她的懊悔恰成鮮明對比。第一次偷看他們的時候，她忍不住妒火中燒，他們像是在提醒她（過去）失去了多少——但如果麗塔懂得看，她也會從他們身上看見自己的可能性有多少。

人生要怎麼過才算有意義呢？這是個大哉問，但也只有你能為自己回答這個問題。「我到家囉」之家幫麗塔找到了答案。有時候，我們雖然無法明確講出自己少了什麼（或是加上什麼會更完美），但只要一看到它，我們馬上會知道那就是它。也許是見到你崇拜的朋友走出你希望自己能走的路，也許是看到兄弟姊妹有一群死黨可以依靠。總有一些人像是映照意義的鏡子，能在我們內心深處引起共鳴。現在，我們來剖析一下你的「鏡子」。

誰是你的「我到家囉」之家？可能是一個人、一群人，甚至是一份經驗。

他們生活的哪個部分對你來說意義非凡？

你可以如何借「鏡」他們，為自己找到意義？

第五張快照

希望這些深入的思索能為你擦出喜悅的火花。現在，該為我們的相簿拍第五張內心快

《也許你該找人聊聊》共鳴選句

人也可能扭曲「是」和「不」。有時候你像是在劃出界線——說「不」——實則是在逃避，用相反的方式迴避說「是」。

照了。想過人生最根本的幾個問題之後，你有什麼感覺？覺得對自己更好奇？覺得充滿希望？還是覺得深受啟發？用這些普世「終極掛慮」來回顧和檢視你的人生，你在自己身上和你的故事裡注意到了什麼？

第五次反思

下一章是最後一章，我們會付諸行動，做出改變，最後一次修訂你的故事。但同樣地，在進入下一章之前，讓我們先記錄這一章的心得。在檢視終極掛慮的過程中，你得到了什麼啟發？哪個人生課題讓你最有共鳴？哪個人生課題對你的故事的影響比你以為的大？你有發現隱而不顯的恐懼嗎？在體驗到喜悅或意義的時候，你有沒有碰觸到你一直不敢表現出來的、更真實的你？這些終極掛慮如何影響你的人際關係？你有沒有找到看舊故事的新視角？請在以下空白寫下你的心得。

《也許你該找人聊聊》共鳴選句

痛苦沒有高下之分。痛苦不該被分成三六九等，因為受苦不是比賽。

Maybe You Should Talk to Someone: The Workbook
A Toolkit for Editing Your Story and Changing Your Life

註釋

1 譯註：「ultimate concerns」過去譯為「終極關懷」，但亞隆使用「concern」時側重的是「不安」、「焦慮」、「憂心」等意涵，與華文之「關懷」意義有別。為準確傳達原意，本書將譯為「終極掛慮」。

2 譯註：「obituary」與華人的「訃聞」不盡相同，除告知生卒日期和葬禮時地之外，還會簡述亡者的一生，比較接近「故人略歷」。

《也許你該找人聊聊》共鳴選句

很多人來心理諮商是為了結束。「請讓我不要有感覺。」可是他們最後會發現：人沒辦法只關掉一種情緒，卻不同時關掉其他情緒。想關掉痛苦嗎？你也會關掉快樂。

CHAPTER

6

走出牢房
——從知到行
Unpeeling Your Hands from the Bars: Moving from Insights to Action

到了某個階段，
當成熟的大人代表為自己的人生負責，
代表接受自己要為自己的選擇負責。

——《也許你該找人聊聊》

批評別人的故事不難，幾乎每個人都會指點別人這段敘事該改、那些行為不對，可是，對自己的故事這樣做就難得多——這就是這本《聊聊2》的目標：以約翰、麗塔、夏綠蒂和茱莉的故事為鏡，再次檢視你對自己的認識，然後坦誠而勇敢地重新想像你的敘事線（narrative arc）。做這些練習的時候，你已經開始從編輯的角度修改自己的故事；在仔細檢視故事細節與隱藏意義的過程中，你漸漸學會辨識故事裡的模式、發現關係中的盲點，也練就換上對方視角的本領，設法不囿於一己之見。

然而，自我覺察只是起步。我常說領悟是心理治療的安慰獎。不論你在這個過程裡悟出多少道理，如果你出了諮商室之後什麼也不改，這些領悟就一點價值也沒有，心理治療也白做了。雖然這些道理能讓你懂得自問：「這種情況是別人造成的？還是我自己造成的？」但捫心自問之後要不要變、要怎麼變，選擇還是在你。溫德爾講過：「生命的本質是變，而人天生抗拒改變。」變與不變是《也許你該找人聊聊》裡很多人的主題，從夏綠蒂的酗酒到麗塔的自我孤立，都是如此。人之所以常在準備好改變的時候裹足不前，是因為真正的改變基本上是暴露弱點的行為。在你好不容易得到領悟、也卸下防備之後，做出改變雖然刺激，但也有點可怕，畢竟改變與失去總結伴同行，人不可能既有改變又一無所失。因此，我們常常聽到有人說自己想改變，最後卻依然故我。這一章的目的就是要突破這個瓶頸。在你想為自己的故事做些改變時，你知道這樣做代表什麼嗎？——換個方式問：你

《也許你該找人聊聊》共鳴選句

心理諮商是從做中學的專業，而且不只是學著當心理師，也要學著當病人。心理師自己的內在生命成熟到什麼程度，就只能帶病人到同樣的程度。

知道這些改變會讓你失去什麼和得到什麼嗎？——了解這點，是付諸行動的先決條件。

這是這本書的最後一章，我希望它能幫助你由知入行，並引導你完成目前的定稿。之所以說「目前」，是因為故事的美妙之處就是可以隨時修訂。我們接下來會看看你處在改變的哪個階段，審視我們為自己搭建的牢房，並討論活得自由和對各種可能性開放的意義。在這次最後修訂中，我們也會回顧一路走來的風景，並一起計畫下一段旅程。

○改變的階段

如果心理治療的目的是助人改變，把人從目前的狀態帶往他們期盼的狀態，我們就必須隨時思考一件事：人實際上是怎麼改變的呢？在此之前，我們已經花了很多時間解構自己的敘事，以新的視角重新檢視自己有心修訂的情節，現在我們要切入核心，討論人生故事是怎麼「刪改」或「調整」的。這些更動是如何底定的呢？

一九八〇年代，心理學家詹姆斯．波羅恰斯卡（James Prochaska）提出行為改變的跨理論模式（transtheoretical model，簡稱TTM）。研究顯示，人的改變往往需要依序度過一系列階段，不像Nike說的「Just Do It」那麼簡單，也不像許新年願望那樣容易。我欣賞這個模式，因為它承認改變基本上是漸進的。我們通常不是某天一覺醒來突然靈光一閃：好！我決定要戒菸或不再偷情，然後——成功！我改變了！雖然我們有時以為改變就是這麼簡單，但改變其實需要更長的過程，像這樣：

- 第一階段：前思考期（Pre-contemplation）
  不知道自己有問題，沒有想到要改變。
- 第二階段：思考期（Contemplation）
  承認自己有問題，願意談，（理論上）也不排斥付諸行動，但似乎沒有著手進行的動力。
- 第三階段：準備期（Preparation）
  有意改變，也做了一些具體的行動準備。
- 第四階段：行動期（Action）
  做出改變。
- 第五階段：維持期（Maintenance）

《也許你該找人聊聊》共鳴選句

研究顯示：人往往是依據經驗如何結束來記憶它們。結案期之所以是心理諮商的重要階段，正是因為它們能讓病人在經歷太多負面的、牽扯不清的、不了了之的結局之後，擁有一次正面的結束經驗。

可以維持自己所做的改變。值得注意的是：這個階段還是會有故態復萌或掉回舊情境的狀況——這是意料中事。更重要的是：改變維持得越久，就越不容易重蹈覆轍（打個比方：你好不容易結束一段孽緣，前任第一次打電話來求你復合時，你可能還會動搖。打來第十次的時候呢？應該不會了吧？）

我在《也許你該找人聊聊》裡講過，夏綠蒂第一次來找我時，對自己的酗酒問題輕描淡寫，說她只是偶爾應酬一下喝兩杯，但我隱隱覺得實情似乎沒那麼簡單。後來她提到媽媽經常借酒澆愁，卻完全沒把母女兩人的酗酒問題連在一起，我懂了：她還處在前思考期。直到酒駕肇事給了她當頭一棒，她才不得不承認自己有酗酒問題，進入思考期。又過了一陣子，她開始主動「減量」，也研究起成癮問題，正式進入準備期。等到她來找我推薦門診治療計畫的時候，我知道她終於到了行動期。最後，她真的加入計畫，沒過多久也戒了酒，進入維持期。

這當然是簡化過的版本，夏綠蒂其實每個階段都有不少轉折。而且依照定義，維持期的人本來就會一再重蹈覆轍、原諒自己，再回到正途，畢竟人天生偏好熟悉的事物。可是長遠來看，她的確發生了改變。了解整個過程，有助你判斷自己正在改變的哪個階段。

經過前面的練習，你或許已經找出幾條你想改變的故事線，現在正處在思考期，甚至準備期，馬上就要進入行動期。以下的練習能幫助你釐清自己目前正在哪個階段、可能會遇到什麼阻礙，還有接下來可能會有什麼發展。

請再次瀏覽我們剛剛談到的改變階段。接著，請想一個你認為需要改變的故事線或模式。對於這項挑戰，你覺得自己是在哪一個階段呢？（小提示：因為你已經想到了，所以不是前思考期！）請把它圈起來：

思考期　準備期　行動期　維持期

如果你在思考期：你想做這個改變多久了？怎麼做能幫助你進入下個階段？你對這個改變的恐懼是什麼？是不是有舊的故事線在阻撓你改變？（不論這條舊故事線只與你有關，或是還牽涉到其他人，都請把它寫下來。）

《也許你該找人聊聊》共鳴選句

人會用心理防衛機制應對焦慮、挫折，或是自己無法接受的衝動，但有趣的是：我們當下不會察覺自己在用防衛機制。

如果你在**準備期**：讓你朝改變邁進的原因是什麼？你已經做了哪些準備行動？

如果你在**行動期**：你為改變採取了哪些具體步驟？做這種改變時，你認為自己可能需要哪些支持？

如果你在**維持期**：哪些事讓你感到意義深重或點醒了你？你有沒有重蹈覆轍過？如果有，你能原諒自己嗎？那時是否有特別的事引誘你走回老路？你後來是怎麼回到原路的？

不論你現在處在改變的哪一個階段，你下個階段的目標是什麼？將這個改變融入生活之後，在哪些方面讓你感覺不錯？隨著你的進展，你的故事有沒有哪個部分需要修訂？

《也許你該找人聊聊》共鳴選句

生命中有太多沒有答案的事，我必須學會接受無法掌握自己的未來，學會排遣煩惱，學會活在當下。

○放開牢門

被自己的想法、行為、關係、工作、恐懼或往事綁住的人數不勝數，我們能怎麼做來擺脫這種被困住的感覺呢？為人生做點改變的首要之務，是推翻自己的錯誤敘事，不再繼續受它們局限。我們有時會用自我懲罰的敘事捆住自己。如果我們可以選擇相信「我值得被愛」或「我不配被愛」，而兩種說法都找得到證據，我們往往會選讓自己不好過的那種。為什麼呢？

還記得我上一章提到的漫畫吧？（溫德爾告訴我的那張。）那張漫畫很紅，畫的是一個囚犯關在牢裡，猛搖牢門，死命想奪門而出——可是牢門兩邊根本是空的，沒有鐵欄杆，那個囚犯只要轉個方向就出得去。但他偏偏看不見出口，只覺得自己困在裡面，驚慌無比。這幅漫畫點出大多數人的盲點：自由往往不在眼前，而在心裡，無法外求，只應向內探尋。我們或許知道自己被某些模式或故事困住了，但就是找不到出口，只好繼續猛搖牢門，不願把手放開。

我們為什麼會這樣？因為我們存了個不足為外人道的心眼：自由必然伴隨責任，而大多數人害怕承擔責任。

換句話說，改變可能帶來挑戰。人之所以會使出拖延、自毀等手段來逃避改變（即使對正面改變也不例外），是因為他們不願在前景不明的情況下放棄既有模式，尤其是那些令他們心安的模式。對約翰來說，這代表他必須放棄「我很特別」的敘事；對夏綠蒂來說，這代表她必須放棄「我能改變爸媽」的想法；對麗塔來說，這代表她必須放棄「我活該受罪」的執念。這些改變雖然都是正面的，但過程也都很難熬。

我們的牢房也是一樣。雖然我們出於各式各樣的原因認為它「舒適」，甚至想一直賴在裡面，但如果能鼓起勇氣離開，自由就在外面等著我們。現在，讓我們仔細瞧瞧自己的牢房。

請描述你的情緒牢房。人生哪一段時間讓你覺得進退維谷，絲毫看不到出路？

《也許你該找人聊聊》共鳴選句

當然，病人開始接受治療時帶來的故事，未必是她離開時帶走的故事。最早歷歷泣訴的風暴最後可能沒有寫進故事，一開始忽視遺漏的細節可能成為轉折點；有的關鍵人物可能變成小配角……

在這本《聊聊2》裡，你發現哪些模式、信念或敘事總是讓你陷入困境？那些「牢房」關了你多久？

回顧你所做的練習，你認為怎麼做才能讓你放開牢門？

如果你放開牢門走出去，你會失去什麼？

《也許你該找人聊聊》共鳴選句

人人希望臨終時平靜、清明，充滿諒解和療癒，但臨終者往往恐懼、茫然、孱弱，在多種藥物作用下躁動不安。正因如此，……在猶有餘力的時候更開闊、更坦誠，是那麼重要。

承上，你會得到什麼？

○刺激與回應

不論你的牢房長什麼樣子，維克多・法蘭克（Viktor Frankl）都能告訴你一些走出去的訣竅。我在《也許你該找人聊聊》裡提過，法蘭克是奧地利精神病學家，二次大戰時被關進集中營。雖然他倖免於難，但戰後等著他的是無比沉重的消息：他的妻子、哥哥和父母都已死在集中營。雖然這樣的悲劇足以擊垮任何人，但法蘭克卻以這份經驗為本，寫出討論韌性與心靈救贖的名著──《活出意義來》（*Man's Search for Meaning*）。他在書中寫道：「人的一切都能被奪走，除了一樣：人最終的自由──在任何處境下選擇自身態度的自由。」他後來又結了婚，生下一個女兒，終身筆耕不輟，著作等身，還遠赴世界各地演講，直到九二歲去世。

法蘭克說，人人都能選擇如何回應困境，連他自己在死亡陰影之下都能選擇——當然，我的很多病人也一樣：不論是約翰的喪母和喪子、茱莉的絕症、麗塔對往日的悔恨，還是夏綠蒂從小的不安全感，不論他們的創傷多麼嚴重，也不論他們與家人的關係多麼惡劣，我想不出有哪個病人不適用於法蘭克的說法。他有一段話說得非常有智慧，常常被人引用，很值得我們深思：「刺激與回應之間有空間，空間裡是我們選擇回應方式的權力，回應方式裡有我們的成長和自由。」

這段話點出了改寫故事的關鍵：選擇在我們手上。不管我們受到的「刺激」是痛失所愛、是婚姻破碎，還是朋友反目，如何回應都是我們的選擇，因為我們有自由和隨之而來的責任。我們是自己人生的作者，必須寫下自己的故事。也許我們沒有選擇環境的餘地，但如何回應操之在己。所以在接下來的練習裡，請特別著重刺激與回應之間的空間。

請挑一種你想改變的行為或互動模式。例如「刺激」部分是媽媽說了你幾句（或伴侶沒做他們說好要做的家事），「回應」部分是你對他們擺臉色（或講出將來會後悔的話）。

請從你的生活情境裡挑，選刺激和回應之間空間較大的那種，並在底下敘述那種情境或刺激。

《也許你該找人聊聊》共鳴選句

在人的一生裡，我們與自己的對話其實多過與別人的對話，可是我們對自己講的話不一定是溫和、真實、有幫助，有時候甚至毫不尊重。

刺激：

你通常會怎麼回應這種刺激？

回應：

現在請腦力激盪，把焦點放在刺激和回應之間的空間，想想對同一種刺激還可以有什麼不同的回應。把它們寫下來。

其他回應方式之一：

其他回應方式之二：

其他回應方式之三：

現在，是改寫故事的時候了。請想想：別的回應方式可能如何改變你的故事情節？

《也許你該找人聊聊》共鳴選句

人是在與他人的連結裡成長的，每一個人都必須聽進別人對你說著：我相信你。我看得見你可能還沒看見的可能性。

○你心中的心理師

茱莉最後幾次和我晤談時說過，她希望在自己去世後，別人仍會不時想起她，就像她出了諮商室仍會不時想起我一樣。她說：「有時候我情緒上來，或是為了什麼事驚慌起來，我會聽見你的聲音。」接受心理治療的人多半有這種經驗，即使出了諮商室，心理師的聲音似乎還是跟著他們，隨時在他們耳邊叮嚀。由於這種情況十分常見，我們在評估病人是否適合結束諮商的時候，也會考量他們有沒有把我們的話帶走，能不能把它們應用在實際生活，如果答案都是肯定的，他們或許就不必繼續接受諮商。病人即將能結束治療的徵兆之一，是他們會開始對你說：「我本來又開始沮喪，但我想起你上個月講的話……」

做了這些練習之後，我希望**你自己**的聲音也變得越來越堅定。我們先前談過為什麼要留意腦海裡的自我對話，我在《也許你該找人聊聊》裡也講過：雖然人人都有改善人生的鑰匙，但我們常常需要有人提醒才能想起它們放在哪裡。對某些人來說，這個「人」是心理師，但另一些時候，這個「人」可能就是你自己。所以，何不趁著這次機會創造你自己的「心理師之聲」？請想像這個聲音從你最深、也最真的部分悠悠傳來，帶著智慧和善意，也充滿同情與好奇。它應該時時提醒你，留意你在這些練習中提到的故事，設法多給它們一些空間、把它們看得更清，這是你活得更自由、更有意義的關鍵。

你的心理師之聲能提醒你哪些重要的想法、概念或教訓？例如麗塔的心理師之聲常對她說：「小妞，別搞砸了！」

最後一張快照

到這裡為止，你已經為自己拍了五張快照。現在，請重溫這本書裡的每一張快照，為

《也許你該找人聊聊》共鳴選句

我（在心理師）實習時學到一課：當病人向你道謝，應該讓他們知道他們自己功勞很大。……從撥電話約診、決定接受諮商，到每星期試著面對考驗，全都不是別人能代勞的事。

自己拍下最後一張。這些快照合在一起說了什麼故事？呈現了哪些主題？哪些更動對你最有用？每一張快照的標題是什麼？你想為現在這張下什麼標題？

最後的反思

聖經裡有句話的大意是：做下去才會懂。有時候你必須放膽一試，在明瞭一件事的意義之前先去經驗它。討論如何揮別舊故事或跳出思考窠臼是一回事，實際著手改變是另一回事。我們必須把言語化為行動，用行動創造自由與可能性，讓行動真正成為生命經驗的一部分，才能跨出一步又一步。

最後一次反思，請想想你最躍躍欲試的那些行動。你看見未來浮現了哪些令你喜悅的情節？

《也許你該找人聊聊》共鳴選句

「洞見是心理治療的安慰獎」，這是我最喜歡的心理治療業箴言，指的是你就算聽過世上所有洞見，要是你回到現實世界時不做改變，洞見（和心理治療）就一點用也沒有。

Maybe You Should Talk to Someone: The Workbook
A Toolkit for Editing Your Story and Changing Your Life

致謝
Acknowledgments

如果沒有下列諸君熱情相助，這本《聊聊2》不可能問世。不在這裡向他們好好致謝，這本書的故事就不算完成。我萬分感謝：

卡辛・莫斯（Karsyn Morse）和ＰＥＳＩ出版公司的整個團隊，他們從第一天開始就全力相挺，展現無比的熱情。這次嘗試十分重要，我想我找不到比你們更好的合作伙伴。你們一起展現的才華、耐心，以及對我的想法的尊重，對我而言如天地般重要。能得到你們的協助是我三生有幸。

蘿倫・漢姆林（Lauren Hamlin）和大衛・霍奇曼（David Hochman）與我合作編寫這本書。謝謝你們協助我用我希望的方式傳達我的想法。我為我們一同創造的成果深感驕傲。

感謝蘇珊・葛魯克（Suzanne Gluck）總是一馬當先提供協助，將創作這本書的構想付諸實行。

最後，我也衷心感謝《也許你該找人聊聊》的熱情讀者、播客節目〈親愛的心理師〉

（Dear Therapists）的忠實聽眾，還有社群媒體上的許多網友，是你們讓我下定決心寫這本書。為你們寫下它的過程讓我獲益良多，也願你們在使用它的過程裡有所收穫。讓我們一起繼續改寫人生的故事！

夢日記

夢名：

日期：

內容：

人物：

浮現的主題：

你對這場夢的詮釋：

夢名：

日期：

內容：

人物：

浮現的主題：

你對這場夢的詮釋：

夢名：

日期：

內容：

人物：

浮現的主題：

你對這場夢的詮釋：

NOTES

NOTES

NOTES

NOTES

NOTES

NOTES

NOTES

NOTES

FOCUS 28

也許你該找人聊聊2

心理師教你大膽修訂自己的人生故事！

Maybe You Should Talk to Someone: The Workbook

A Toolkit for Editing Your Story and Changing Your Life

作　　者　蘿蕊・葛利布（Lori Gottlieb）
譯　　者　朱怡康
責任編輯　林慧雯
美術設計　黃暐鵬

編輯出版　行路／遠足文化事業股份有限公司
總 編 輯　林慧雯
社　　長　郭重興
發行人兼出版總監　曾大福
發　　行　遠足文化事業股份有限公司
23141新北市新店區民權路108之4號8樓
代表號：（02）2218-1417　客服專線：0800-221-029　傳真：（02）8667-1065
郵政劃撥帳號：19504465　戶名：遠足文化事業股份有限公司
歡迎團體訂購，另有優惠，請洽業務部（02）2218-1417分機1124、1135
法律顧問　華洋法律事務所　蘇文生律師
特別聲明　本書中的言論內容不代表本公司／出版集團的立場及意見，
由作者自行承擔文責。

印　　製　韋懋實業有限公司
初版一刷　2022年5月
定　　價　399元

國家圖書館預行編目資料

也許你該找人聊聊2：心理師教你大膽修訂自己的人生故事！
蘿蕊・葛利布（Lori Gottlieb）著；朱怡康譯
一初版一新北市：行路出版
遠足文化事業股份有限公司發行，2022.05
面；公分
譯自：Maybe You Should Talk to Someone: The Workbook
A Toolkit for Editing Your Story and Changing Your Life
ISBN 978-626-95844-2-0（平裝）
1. CST: 心理諮商　2. CST: 心理治療師
178.4　　111003840